BREVE HISTÓRIA DO ROCK

Ayrton Mugnaini Jr.

BREVE HISTÓRIA DO ROCK

© *Copyright*, 2007, Mugnaini Jr., Ayrton
Em conformidade com o novo Acordo Ortográfico.

Todos os direitos reservados.
Editora Claridade Ltda.
Av. Dom Pedro I, 840
01552-000 São Paulo SP
Fone/fax: (11) 6168-9961
E-mail: claridade@claridade.com.br
Site: www.claridade.com.br

Preparação de originais: Flavia Okumura Bortolon

Revisão: Jeosafá F. Gonçalves

Capa: Antonio Kehl

Editoração Eletrônica: Veridiana Magalhães

ISBN 978-85-88386-50-1

Dados para catagolação

Ayrton Mugnaini Jr.

Breve história do rock/ Editora
Claridade, São Paulo, 2007/ Coleção
Saber de tudo

1. História   2. Autor.

CDD780

Índice para catálogo sistemático:
027 Bibliotecas gerais
027.626 Bibliotecas para jovens
028 Leitura. Meios de difusão da
informação

Sumário

Agradecimentos 7
Introdução 9
Primórdios 17
Anos 1950 35
Anos 1960 41
Anos 1970 54
Anos 1980 64
Anos 1990 70
Anos 2000 75
Bibliografia 77
Sobre O Autor 79

Agradecimentos

A jornalistas, radialistas e pesquisadores, inclusive não roqueiros e igualmente indispensáveis para uma visão completa do rock: Carlos Alberto Lopes "Sossego"; Kid Vinil; Leopoldo Rey; J. Ramos Tinhorão; Assis Ângelo; Sylvio Passos; Juliana Resende; Magaly Prado; Fabian Chacur; Celso Pucci (*in memoriam*); André "Pomba" Cagni; Cida Santos; Zuza Homem de Mello; René Ferri; Enio Vuono; Fernando Naporano; Marcelo Orozco e outros; Edianez Parente; Ricardo Alexandre; Márcio de Paula.

Aos companheiros de rock e música em geral: Valdir Angeli; Bogô; Claudio Foà; Eddy Teddy (*in memoriam*); Airton Siqueira; Roberto Kirsinger; Rosa Freitag; Kim Kehl; Carmen Flores; Nei Carvalho; Gai Sang; Trinkão; Luiz Octavio; Stela Campos; Tony Campello; Laert Sarrumor e seu Língua; os companheiros do grupo TONQ.

A diversas instituições: emissoras Gazeta, Brasil 2000, 97, USP e Alvorada (Lins); lojas Eric Discos, Ventania, Nuvem Nove, Sebo Jovem Guarda; publicações como *Jornal da Tarde*, *Folha da Tarde*, *Cruzeiro do Sul* (Sorocaba), *Bizz* e *Dynamite*.

A pessoas próximas: Lélia Tonso Barbosa; Dilza Mugnaini e Cynthia & Luc Quoniam. Não esquecendo o Ivo, meu primeiro filho e que, mesmo já compositor até de sambas e forrós, diz "quando crescer quero ser roqueiro".

E, claro, à Nova Alexandria, que cedeu o salão e escondeu o tapete para o rock rolar, oh yeah!

Introdução

O rock'n roll pode ser comparado ao idioma inglês. Este se deriva do alemão, cerca de três quintos do vocabulário do inglês moderno vêm do francês e sua gramática conserva muito do latim. E, mesmo assim, o inglês é facilmente reconhecível, com gramática fácil o bastante para desempenhar o papel de idioma universal que o bem intencionado, porém, artificial (e bem mais recente) esperanto não conseguiu. Do mesmo modo, o rock'n roll, embora derivado do blues norte-americano, cometeu o mesmo paradoxo de ir reunindo influências de toda parte para formar seu estilo próprio: escala pentatônica do blues, improvisação do jazz, marcação insistente das marchas militares, sutilezas rítmicas da rumba e do baião, a melodiosidade da canção italiana, sequências harmônicas de compositores eruditos diversos como Beethoven e Debussy, efeitos sonoros acústicos ou eletrônicos da música de vanguarda, percussão africana, instrumentos típicos de países como Índia e Japão... E, parafraseando J. Ramos Tinhorão sobre nosso choro, o rock'n roll é também um "sotaque", um jeito de tocar; apenas algumas provas são "And I Love Her", beguine dos Beatles; todos os reggaes da banda The Police; e todo o chamado movimento "new-bossa" inglês dos anos 1980, que soam como roqueiros tocando esses ritmos.

O rock'n roll é produto típico dos EUA, país que valoriza a praticidade e o pragmatismo. Tal como a Roma antiga, os EUA sempre foram habilidosos em imitar, reproduzir, reciclar e divulgar mundialmente a cultura do mundo todo – especialmente após duas grandes guerras mundiais, quando o governo norte-americano teve a ideia da "política da boa vizinhança": é mais bonito, e mais sutil, conquistar pelas ideias que pelas armas. Herdeiros da índole imperialista e paternalista dos britânicos, os norte-americanos acabaram tomando conta do mundo, porém, menos pela força física que por artefatos de agrado geral que criaram ou divulgaram, como o cinema de Hollywood, a camiseta, as roupas jeans, o hambúrguer, o Cadillac, o chiclete, o jazz, o blues e, claro, o rock'n roll – ou simplesmente rock. Descobertos no século XVI, existentes como nação desde 1607, independentes desde 1776, os EUA só começaram a ter manifestações culturais como características próprias a partir do século XIX, com escritores como Brancoft, Melville e Jack London, pintores como Whistler e Rousseau e compositores como os que veremos em breve.

O rock é um dos grandes paradoxos da história da humanidade. Apesar de já ser até matéria de curso universitário, é a forma musical mais instantânea, efêmera e "moleca" que existe – mas o melhor rock resiste ao passar do tempo. "Rock'n roll é a piada mais engraçada e duradoura do Universo", resumiu o escritor e jornalista norte-americano Mark Shipper. Equivalente musical do gibi, da barra de chocolate, do lenço de papel, do café solúvel, do avião a jato e de tudo que seja prático e de uso instantâneo (mesmo que descartável), o rock é um artefato sem o qual este século teria sido bem outro, e seu surgimento, desenvolvimento e aceitação mundiais foram, para o bem ou para o mal, a coisa mais natural do mundo. Nunca a música teve tamanha importância para a sociedade, e nenhum

Breve história do Rock

tipo de música tem sido tão influente quanto o rock'n roll – não só a música mais aberta à influência de outras músicas, mas também a música mais aceita em todo o planeta. A chamada "cultura universal" é, na verdade, a cultura particular de alguém, aceita (ou imposta) universalmente, e o rock – não só a música, mas o estilo de vida, embora este livro dê muito mais ênfase à música – acabou se aclimatando em praticamente todo o mundo não só pelo domínio econômico americano, bastando lembrar o sucesso do gênero em países não exatamente de terceiro mundo como o Japão ou a Suécia.

Nenhuma invenção de sucesso, talvez nem mesmo a roda, pode ser atribuída a uma única pessoa. Muita gente boa se esquece disso e simplifica demais a história do rock'n roll, como se ele simplesmente tivesse sido criado do nada por Bill Haley e Elvis Presley. Na verdade, muitos outros artistas contemporâneos a eles, incluindo Ike Turner, Chuck Berry, Joe Turner, "Big Mama"

Robert Johnson

Robert Johnson talvez seja o mais influente bluesman – chegou a ser chamado de "possivelmente o primeiro dos roqueiros" e continua notável por seu estilo de violão e composição, bem como por sua vida tão curta quanto misteriosa e emocionante, envolvendo lendas como um pacto com o diabo e envenenamento por um marido ciumento, culminando na morte prematura. Dele se conhecem, até o momento, apenas duas fotografias, e ainda assim publicadas apenas décadas após sua morte.

Thornton – para não falar em artistas que podem ser considerados proto-roqueiros como Robert Johnson –, chegaram ao mesmo resultado sonoro, cada um fazendo sua própria síntese de blues, jazz e outros estilos. Assim como o mar e as montanhas existiam desde muito antes do ser humano lhes dar esses nomes, já se fazia rock'n roll antes deste nome ter começado a designá-lo.

Por outro lado, muitos caem no erro oposto de pensar que toda a história da música serviu apenas de prólogo para o surgimento do rock'n roll; este apenas se revelou como uma "onda" muito mais duradoura que, por exemplo, o foxtrote ou o baião, certamente por usar elementos destes e outros estilos e ser mais simplificado e facilmente assimilável que eles – não somente pelo nunca demais lembrado poderio de divulgação e dominação dos norte-americanos. Mesmo com artistas nem sempre criativos e recorrendo a fatores extramusicais para "forçar" promoção, o rock é um resultado autêntico e espontâneo da evolução (ou involução, segundo os anti-roqueiros) da música popular norte-americana. E no rock, como aliás em toda forma de música popular, a energia e a espontaneidade, mesmo que só aparentes, são mais importantes que a criatividade e a originalidade. Afinal, toda a música popular é feita de fórmulas. Qual o problema em Chuck Berry ou Keith Richards sempre repetirem os mesmos riffs e acordes? Um crítico americano afirmou que recriminar Berry ou Richards por usar o mesmo riff básico em mais de uma música é como achar ruim que Ronaldinho fizesse dois gols com a mesma bola. Tais repetições, desde que feitas com inspiração, são grande parte da história dessa autêntica "metamorfose ambulante" que é o rock, história esta que, veremos, tem vários começos, segue por todos os meios e, ao que parece, nunca vai ter fim.

Foi dito que um dos encantos do rock (e de qualquer estilo de música dançante) é justamente a repetição sem tédio.

Breve história do Rock

Um dos mais lembrados (embora nem sempre com intenção elogiosa) aspectos do rock é sua proximidade à música hipnoticamente repetitiva dos tocadores de tambores da selva africana (e cujas derivações mais recentes incluem aquela já famosa batida de bumbo e chimbau do trance, "tum-tis-tum-tis-tum"). Há, inclusive, estudos científicos sobre o rock ser sentido diretamente pelo sistema nervoso central, sem o conhecimento do cérebro ou das emoções, e seu efeito, quando em alto volume e andamento acelerado, ser semelhante ao de bebidas alcoólicas. Isto nos lembra uma coletânea de punk-rock de 1978 (*Saturday Night Pogo*), que foi divulgada como "um vinho não para ser saboreado, e sim, para aquecer as tropas no campo de batalha".

O rock talvez seja a mais acessível e simples de todas as formas de música popular. (Há quem use obras menos inspiradas de rock – existem em todos os gêneros musicais – como exemplo do chamado emburrecimento da cultura mundial.) Um bom exemplo de simplificação "rockificada" é o arranjo de Elvis Presley para "Blue Moon", de Rodgers & Hart. Esta canção, de 1934, já havia perdido sua introdução original na maioria das regravações ("Once upon a time/before I took up smiling/I hated the moonlight..."); Elvis simplesmente se esqueceu da segunda parte ("And then there suddenly appeared before me/The only one my arms will hold...") e repetiu a primeira várias vezes ("Blue moon/you saw me standing alone..."), transformando o foxtrote original numa canção caipira com inflexões vocais de blues e ritmo bem marcado – ou seja, rock'n roll.

Vale lembrar o grande axioma: qualquer um pode tocar rock, e embora nem todos toquem rock bem, rock mal tocado, totalmente livre de academicismos ou formalismos, acaba sendo mais atraente para grandes fãs do estilo, que reagem a qualquer inovação que aumente a quantidade de notas e acordes com o "isso não é rock!". Não existem culturas fechadas, e os gêneros musicais, como as ciências, não são compartimentos estanques; por exemplo, o jazz-rock, o tecno-reggae e o country-rock são tão naturais e válidos quanto a Físico-Química, a Astrofísica e a Bioquímica (e, conforme o gosto, mais ou menos agradáveis). E o rock não tem uma cara só, não se resume à escala pentatônica do blues sobre aquela marcação rítmica insistente de guitarra, baixo e bateria. Pode reparar: artistas de estilos diversos como Elvis, Beatles, James Brown, Iron Maiden e Run-DMC atendem pelo denominador comum de rock'n roll. Qual rock você prefere: Elvis ou Yardbirds? Os Carpenters

Iron Maiden

O rock sempre consegue se reciclar e se renovar, como provam os artistas ingleses que nos anos 1980 retomaram o heavy-metal da década anterior; o Iron Maiden talvez seja o mais criativo desses grupos, e certamente é o mais duradouro, prestes a emplacar 30 anos de atividades e sucesso ininterruptos.

Breve história do Rock

ou o Coldplay? O Nirvana psicodélico inglês ou o grunge de Seattle? Tanto um garoto com uma guitarra elétrica quanto um DJ com seu pick-up, uma garota e um piano, ou um senhor com sua bateria podem fazer rock'n roll – e do bom. Dissemos que o rock'n roll é uma forma de tocar; podemos acrescentar que é também um estado de espírito, uma forma de ver e enfrentar o mundo e as coisas. Se as características essenciais do rock incluem repetição, objetividade e irreverência, então o que não falta são pessoas e obras não roqueiras que são "totalmente rock'n roll". Para começar, livros como *Blackboard Jungle,* de Evan Hunter, e *On The Road*, de Jack Kerouac, nem mencionam o rock – artistas citados nesses livros, conforme originalmente publicados, como exemplos de boa música pelos jovens rebeldes incluem, respectivamente, o cantor Tony Bennett e o maestro cubano Perez Prado –, mas foram, e têm sido, entusiasticamente aceitos por roqueiros de todas as épocas.

Enfim, este livro procura contar a história do rock de forma tão linear quanto possível, primeiramente enumerando e explicando seus elementos formadores mais importantes, depois explicando o desenvolvimento do rock desde seu surgimento oficial, em 1954. Pedimos desculpas aos fãs do rock'n roll mais básico e primitivo que hesitam em reconhecer como rock'n roll mutações e fusões, como rock progressivo e jazz-rock, que tendem a "complicar" e, portanto, "descaracterizar" o rock'n roll. Pedimos desculpas também por estas aspas.

A. M. Jr.

Primórdios

É verdade que a chamada Era do Rock começou precisamente em 9 de julho de 1955, quando a gravação de "Rock Around The Clock", com Bill Haley, começou seu reinado de oito semanas no primeiro lugar da parada de sucessos da revista norte-americana *Billboard*, a mais importante publicação dedicada à indústria do entretenimento. Foi aí que a maioria da população dos EUA e, por tabela, o mundo ficaram sabendo da existência do rock.

Também é verdade que o rock'n roll ganhou esse nome por cortesia do DJ norte-americano Alan Freed (1922/1965), que, empolgado com o ritmo, promovia programas de rádio e bailes de rock'n roll desde 1952, adotando o nome "rock'n roll parties", por volta de 1955.

Mas o rock'n roll, como música e como movimento cultural e de comportamento, é uma das melhores demonstrações daquela bela frase: se uma pedra se parte ao meio após levar cem marteladas, o mérito não cabe somente a centésima martelada, mas também as outras 99. Pois bem, o megasucesso do "Rock Around The Clock", em 1955, foi a centésima martelada. O cantor, guitarrista e band-leader Bill Haley (1925/1981) gravou e lançou o disco em 1954, fazendo sucesso apenas razoável, só pegando fogo de verdade quando os autores da música (de quem falaremos mais tarde) deram um jeito para que a gravação entrasse no filme *Blackboard Jungle* (filmado por Richard Brooks a partir do já mencionado romance homônimo de Evan Hunter), ainda que somente durante os créditos iniciais, mas foi o suficiente. E a gravação de Haley nem é a original: quem lançou a música foi um certo Sonny Dae & The Knights, em 1952, e o disco acabou tão obscuro quanto ele próprio.

Se para o grande público, "Rock Around The Clock", com Bill Haley, parecia tão original e excitante a ponto de causar alvoroço nos cinemas só por tocar sobre os créditos iniciais de um filme, os fãs de country devem ter se divertido: experimente comparar a gravação de Haley com "Move It On Over", sucesso de Hank Williams de 1947. Além de a melodia ser praticamente a mesma, a gravação de Hank já tem quase todos os elementos geralmente reconhecidos como características do rock'n roll: melodia simples, porém eficiente, com escalas em harmonia inspiradas no blues, solos instrumentais ríspidos, velozes e/ou expressivos, vocal agressivo e/ou sensual, bateria bem marcada e contrabaixo e guitarras (e/ou violões) pulsantes. (A marcação característica da bateria, acentuando o segundo e o quarto tempos, já usada no jazz e mais tarde no rhythm & blues, é o único detalhe ausente de "Move It On Over" – mas, reparando bem, é um detalhe também ausente nos primeiros discos de Elvis, que nem bateria tinham.)

Já estamos começando a ver que, de novo, o rock'n roll só tinha o nome – e mesmo assim, o próprio nome de novo não tinha muito. Para começar, a expressão "Rock'n roll" já havia marcado presença nas paradas de sucesso vinte anos antes de Bill Haley, em 1934, com uma composição de Richard Whiting desse nome, incluída na trilha do filme *Transatlantic Merry-Go-Round*, e gravada pelo trio vocal feminino Boswell Sisters. A canção, embora bem ritmada, não é um rock'n roll

Breve história do Rock

Blackboard Jungle

Uma das primeiras edições de *The Blackboard Jungle*, o romance de Evan Hunter sobre delinquência juvenil e conflito de gerações que inspirou o filme homônimo, primeiro a incluir rock'n roll na trilha sonora – embora os jovens rebeldes do romance preferissem cantores como Tony Bennett ou o grupo The Hilltoppers.

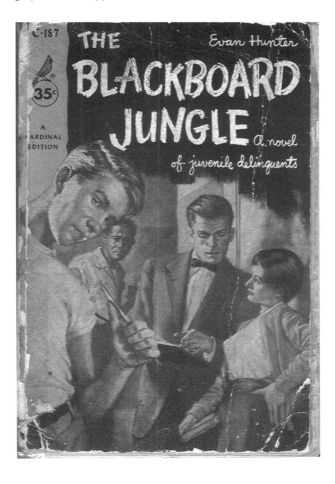

no sentido estrito e sim um foxtrote, mas bem poderia ter sido aproveitada pela onda de nostalgia pelos anos 1930 do período 1967-74. No contexto deste filme, "rock'n roll", literalmente "balançar e rolar", refere-se ao comportamento de barcos e navios sobre as águas. A expressão "rock'n roll" já era antiga, mas com significado bem diferente e muito menos aceitável pela indústria cultural da época.

Sim, é isso mesmo em que você pensou. Com a palavra, o musicólogo norte-americano Guy B. Johnson, em um seu estudo sobre o duplo sentido das letras de blues publicado no *Journal Of Abnormal And Social Psychology,* em 1927: "A maioria das expressões de blues relativas ao ato sexual são cantadas do ponto de vista da mulher, e se referem principalmente à qualidade dos movimentos feitos pelo macho durante o coito." As expressões citadas por Johnson incluem "My man rocks me with a steady roll" ("meu homem me balança com um rolar constante"), título de um dos primeiros blues a fazer sucesso, composto por J. Berni Barbour e lançada em 1922 pela cantora Trixie Smith (1895/1942). E os pesquisadores de folclore John e Alan Lomax (pai e filho) ao descobrirem, no mesmo ano de 1934, um grupo negro cantando uma canção religiosa afro-a-mericana intitulada "Run Old Jeremiah", de ritmo enérgico e melodia e letras possessas: "Oh my Lord/Well, well, well/I've gotta rock/You gotta rock/Wah wah ho...". Não é à toa que muitos roqueiros afirmam que o gospel cantado em andamento rápido passa por rock'n roll.

O próprio rock'n roll só ganhou este nome após estourar nas paradas. A própria gravação de Haley de "Rock Around The Clock" foi lançada como foxtrote (isso mesmo, de "fox trot", passo trotante da raposa) – nome genérico para toda canção pop em compasso 4/4. "Isto não é bem rhythm & blues, não é bem música caipira ("hillbilly"), não é bem música comercial ("Tin Pan Alley"),

Breve história do Rock

não é bem nada para o qual haja uma definição normal. É uma espécie de música sacudida, chacoalhada e rolante ("shaking, rattling and rolling", trocadilho com o título de um dos primerios sucessos do rock, "Shake, Rattle And Roll"), que balança muita gente, chacoalha outros e rola o tempo todo. Seja o que for, é alegre e garantida para animar para qualquer festa, e é ritmada e dançável." Assim diz parte do texto da contracapa de *Live It Up!*, primeiro LP de Bill Haley lançado na Inglaterra, em agosto de 1955. O disco traz a palavra "rock" nos títulos e letras de algumas faixas: "Real Rock Drive", "Rock The Joint", "Rockin' Chair On The Moon". E muitos tomaram o rock'n roll como apenas mais uma das muitas danças criadas dos anos 1920 em diante

Jitterbug

Danças agitadas e desinibidas como o twist, hully-gully ou mesmo break e hip-hop são outra tradição que o rock herdou de outros gêneros; desde o surgimento do jazz nunca deixaram de surgir danças como cakewalk, yam, shimmy e jitterbug.

para o foxtrote, como o shimmy, charleston, yam e jitterbug.

Talvez a característica mais marcante (sem trocadilho) e evidente do rock'n roll seja a batida rítmica, geralmente com o segundo e quarto tempo acentuados – já usada no jazz desde os anos 1920 –, e chamada pelos americanos de "beat" (batida); daí os pré-hippies, cujas predileções incluíam música de ritmo fortemente acentuado como o jazz de vanguarda e a música cubana, terem sido rotulados de "beatniks" (gozação com o sufixo russo "nik" de Sputnik, o primeiro satélite artificial, lançado pelos soviéticos em 1957), além de seu coletivo ter entrado para a História como "beat generation" ("geração beat"). O texto (não assinado) da contracapa de um LP dos anos 1950 dos pioneiros do rhythm & blues Roy Brown e Wynonie Harris diz: "Roy Brown e Wynonie Harris, ambos famosos por seus "gritos de blues e canto de jazz" ("blues shouting and jazz singing"), são dos pouquíssimos que não conseguem deixar de colocar um 'beat' em tudo que cantam. Seja espiritual, sentimental ou blues... *o beat* ainda continua predominante. Os nomes são incontáveis: 'rock blues', 'shouting blues', 'big beat blues'... mas todos se resumem a uma só coisa, um 'beat' pesado, execução forte e letras gritantes". Muito a propósito, um dos grandes sucessos do pianista e cantor Fats Domino chamou-se "The Big Beat" (1957). E a indústria cultural norte-americana, necessitando de um referencial que atraísse público para os Beatles – grupo cujo nome é um trocadilho com "beat" –, subtitulou o segundo LP ianque do grupo (*The Beatles' Second Album*) como "electrifying big-beat performances".

Já tínhamos também a imagem visual do que viria a ser o primeiro esterótipo do roqueiro, geralmente de camiseta, calça jeans, jaqueta de couro e topete (garotas se contentavam com vestidos ou camisas e calças compridas, algumas usando cabelo bem curto), rebelde e independente, graças ao cinema, especial-

Breve história do Rock

mente filmes estrelados por Marlon Brando (1924/2004) e James Dean (1931/1955) – inclusive, Elvis Presley, ao estrear no mundo do cinema, foi chamado de "um Marlon Brando com violão". E, com o estouro da natalidade do pós-guerra, em meados dos anos 1950, a população de adolescentes havia crescido como nunca – ou seja, o rock'n roll tinha enorme público potencial, de adolescentes ávidos de gastar mesada ou salário em milk-shake ou cerveja, hamburgers, violões ou guitarras baratas e compactos de rock'n roll.

Sendo esta uma breve história do rock, vamos lembrar brevemente os estilos que entraram em sua formação.

Os cantos dos escravos: Os EUA praticaram a escravatura até 1865, importando negros da África, só que os negros não se conformavam em ser arrancados de sua terra natal e, já que não podiam voltar, pelo menos preservavam sua própria cultura até onde fosse possível, mantendo sua arte, suas crenças religiosas e seus dialetos africanos. Aos poucos, os negros africanos iam se aculturando em contato com os brancos, à medida que passaram a existir escravos nascidos nos EUA (predominantemente no Sul). Esta aculturação é mais evidente na música secular, ou seja, não-religiosa, dos escravos, que cantavam e tocavam não como uma forma de arte, à moda dos brancos, mas sim como válvula de escape para o trabalho forçado nas plantações de arroz e algodão em baixo de chuva, de sol e de chicote. É esta a origem da "work songs", os cantos de trabalho, compostos de frases musicais curtas e simples, a princípio em línguas africanas, depois em inglês entremeado de termos africanos. Naturalmente, havia cantos africanos também de outra natureza, como cantigas infantis ou religiosas. Os negros cantavam ora sozinhos, ora em grupos; neste caso, um líder (homem ou mulher) fazia o papel de "caller" (chamador/a), cantando uma frase a que todos os outros respondiam. Sim, aqui está a "call-and-response" (chamada-e-resposta) que é a raiz do gospel (corruptela de "God spell", palavra de Deus). Muitas vezes, o escravo transmitia mensagens "cifradas" em seu próprio idioma de origem, para que o feitor não entendesse, em frases curtas e em voz alta, fazendo-se ouvir de longe – e esta frase, chamada "field holler" ou "field" (grito no campo), era transmitida numa fala meio cantada, para maior expressividade. Este "field holler" poderia ser um nome, uma ordem ou uma interjeição. Todos estes cantos de escravos tinham em comum o fato de suas melodias raramente ultrapassarem cinco notas, formando uma escala de cinco tons (isso mesmo, a pentatônica), muito usada no...

Blues: Esta palavra significa tanto "azul" (e, como no Brasil, "blue" também serve de termo pejorativo para um negro de pele muito escura, "azulão") quando "triste, melancólico, deprimido", além de "fortemente erótico". A música de blues expressa muito bem essas sensações de melancolia (ou "alegria triste") e sinceridade.[1] Já se cantava blues na segunda metade do século XIX, nos grandes centros rurais norte-americanos, como os estados do Mississipi e do Texas, à capela (ou seja, sem acompanhamento instrumental) ou com acompanhamento simples de violão, gaita ou banjo; com as migrações para grandes centros urbanos como Chicago, Nova York e Nova Orleans, veio a necessidade

---

[1] A maior distinção do blues é a "nota blue", a "blue note", ou seja, a terça menor da escala sobreposta ao acorde maior. As letras do blues quase sempre se dividem em estrofes de duas linhas, com a primeira linha cantada duas vezes, e essas estrofes são cantadas em frases musicais de 12 compassos, com os acordes do acompanhamento seguindo geralmente o esquema: tônica (3 compassos), tônica com sétima (um compasso), subdominante (2 compassos), tônica (dois), dominante (dois) e tônica (dois). Estas estruturas de música e letra quase não têm paralelo na música europeia.

Breve história do Rock

de entreter barzinhos cheios de gente e o blues, além de usar instrumentos tipicamente urbanos como bateria, contrabaixo e saxofone, voltou a gritar como na época dos escravos.

Ragtime: Um dos mais antigos e belos exemplos de música negra com grande influência europeia, ou seja, de música afro-americana da boa. Basicamente, trata-se de música pianística ritmada (embora em andamento moderado) e de melodia elaborada, surgida na virada do século e que também influenciou bastante o jazz.

Stride e boogie-woogie: Estilos pianísticos derivados do ragtime, só que, enquanto este enfatiza a melodia, o stride ("caminhada a passos largos"), surgido no início do século, e seu descendente, o boogie-woogie, nascido no fim dos anos 20, favoreciam sobremaneira o virtuosismo instrumental, cheio de escalas rápidas, e a capacidade de improvisação.

Jazz: Nascido no final do século XIX nos grandes centros urbanos de Nova York e, principalmente, nas mais povoadas por negros, como Chicago e Nova Orleans, o jazz pode ser definido como uma combinação de blues, ragtime, stride, boogie-woogie, gospel e zydeco (que definiremos a seguir), tocada com instrumentos urbanos como piano, violão e sopros (estes, no início, eram cortesias de bandas militares), sempre com espaço para improvisações a partir de um tema (geralmente um blues). Originalmente mundano e hormonal como o rock'n roll, o jazz também tem seu nome derivado de uma gíria para o ato sexual, a princípio grafada "jass" ou até "jasz". *Rhapsody In Blue*, peça erudita com toques de jazz e blues lançada por Gershwin, em 1924, contribuiu muito para que o jazz se tornasse, como disseram, "uma dama respeitável". O jazz de Nova Orleans chamou-se no início "Dixieland Jazz" ("Dixieland" é o apelido do Sul dos EUA), e suas improvisações seguiam o esquema já citado de tema-e-variações: primeiro a melodia, depois solos improvisados, e para terminar volta-se à melodia. O resultado é bem entusiástico e barulhento, e o dixieland pode ser considerado ascendente direto do rock'n roll. As big-bands de Glenn Miller, Artie Shaw, Benny Goodman e outros, cujo apogeu foi nos anos 1930 e 40, tiveram papel duplamente importante na história do rock. Além de unirem músicos e arranjadores negros e brancos e acabarem aos poucos com o apartheid musical, as big-bands, com seu espírito de poucos solos individuais e muita união, haviam de influenciar os grupos de rock – confira, por exemplo, os arroubos de "In the Mood", "hit" de Glenn Miller,

Dixieland Jazz

O injustamente obscuro cornetista norte-americano de dixieland Pete Daily mostra nesta foto de seu grupo, tirada em 1954 ou antes, que o rock imitou do jazz não somente a musicalidade, mas também a atitude irreverente de tocar ajoelhado ou com o instrumento nas costas.

Breve história do Rock

em 1939, com todos os músicos empenhados no mesmo riff (frase melódica curta e continuamente repetida), técnica adotada, por exemplo, em "I'm A Man" com os Yardbirds, "You Really Got Me", dos Kinks, e "The Jean Genie", de David Bowie. Onomatopéias nonsense também são heranças jazzísticas: o rótulo "be-bop" do jazz é análogo ao "doo-wop" do rock, ambos se originam de onomatopéias e improvisos vocais. É também esta a origem de frases famosas como "hey-ba-ba-re-bop" e "wop-bop-aloo-bop-lop-bam-boom".

Além disso, foi graças ao zelo de entusiastas de jazz em descobrir, colecionar e relacionar de forma organizada as gravações de determinados jazzistas que surgiu a noção de "discografias", termo criado nos anos 1930 e que mais tarde se estendeu a todos os tipos de música, incluindo o rock.

Music-hall: Gênero de entretenimento onde predominam a música e o bom humor, ideal para casas noturnas e cabarés, e caracterizado por piano e instrumentos de sopro de metal, além da atmosfera geral de otimismo, "o amanhã será melhor", de suma importância para entretenimento e animação, especialmente em ocasiões difíceis como tempos de guerra e privações. O music-hall urgiu na Inglaterra na primeira metade do século XIX, com equivalentes em todo o mundo, incluindo o teatro de "varietés" francês, o norte-americano vaudeville (e sua variação mais picante, o "burlesque") e o teatro de revista brasileiro. Os Beatles (especialmente Paul McCartney), os Kinks, Randy Newman e o grupo The Mamas & The Papas são apenas quatro artistas importantes muito influenciados pelo music-hall.

Zydeco: Os negros norte-americanos sofreram influência dos descendentes de franceses deportados em 1713 da Acádia para os EUA, em função do tratado, este concluído para terminar a guerra da sucessão espanhola; a França manteve todo o seu território, mas teve que ceder Gibraltar, Terra Nova e Acádia para a Inglaterra. Estes acadianos (ou "acadien", segundo eles próprios) ajudaram a colonizar a região da Louisiana e do Oeste texano, e, graças à pronúncia dos nativos, "acadien" acabou mudando para "cajun". Os negros escravos desta região chamaram-se "creoles", e por ali se falava inglês, francês e creole (idiomas em que se cantava o cajun), até que um decreto em 1916 obrigou todo mundo a falar somente inglês, o que causou muito ressentimento (por sinal, "Jambalaya", clássico country de Hank Williams, tem cajun até na letra). O instrumento mais característico do cajun – estilo que muitos devem conhecer do filme *The Commitments* (Loucos pela Fama), dirigido por Alan Parker, em 1991 – era o violino, trazido da França, até a chegada do acordeão diatônico lá por 1830, substituído por sua vez pelo acordeão-piano no século seguinte, e o zydeco é uma versão "creole" (ou seja, negra) do cajun, soando curiosamente como uma mistura de blues com nosso forró. Tanto o cajun como o zydeco exerceram muita influência sobre o country, o rhythm & blues e o próprio rock. Dois bons exemplos de "cajun" moderno são "Karma Chameleon", do Culture Club, e "Come On Eileen", dos Dexy's Midnight Runners.

Skiffle: Criado nos anos 1920 (com os nomes "jugband" e "washboard band") por jazzistas pobres demais para terem bons instrumentos e que usavam tábuas de lavar roupa, garrafões soprados como contrabaixo e quetais, misturado com folk-music e no espírito qualquer-um-pode-tocar, precursor do punk. O skiffle foi revivido nos anos 1950 na Inglaterra por Lonnie Donegan (nascido em 1931) e outros com muito sucesso; os Beatles estão entre milhares de roqueiros ingleses que começaram fazendo skiffle, que, na Inglaterra, foi uma transição entre

Breve história do Rock

os "revivals" (ressurgimentos) do dixieland e do ryhthm & blues. Pode-se conferir uma bem-humorada homenagem ao skiffle em "Poorboy Shuffle", do Creedence Clearwater Revival.

Folk music: Literalmente, "música-do-povo", ou seja, música folclórica, e expressão que designa a música folclórica norte-americana, a qual firmou-se como tal em meados do século XIX. Como em todos os países, temos compositores ianques conhecidos cuja obra tem sabor folclórico, talvez o mais ilustre sendo Stephen Foster (1826/1864). Podemos lembrar também o cantor e compositor negro Leadbelly (1889/1949), de grande influência não só por suas composições, próprias ou adaptadas ("Goodnight Irene", "Midnight Special"), mas por seu desempenho no violão de 12 cordas, instrumento que seria muito usado em gravações de Elvis Presley e, inclusive na forma de guitarra elétrica de 12 cordas, no pop-rock mais sofisticado dos anos 1960 dos Beatles, Byrds e tantos outros. Cantigas infantis, além de também serem música folclórica, sempre se deram muito bem com o espírito de molecagem do rock'n roll. Na

Peter, Paul & Mary

O rock é tido por alguns como o quarto tipo de música de popularidade mundial, após a música erudita dos séculos XVIII e XIX, o jazz e a música folclórica. O trio Peter (Yarrow), Paul (Stookey) & Mary (Travers), surgido nos anos 1960, é um dos artistas mais influentes da folk-music norte-americana, tendo sido inclusive os primeiros a colocar nas paradas de sucesso uma composição de um jovem compositor folk chamado Bob Dylan, no caso, "Blowin' In The Wind".

virada dos anos 1950 para 1960, o rock era coisa de moleque; universitários e pessoas mais elitistas preferiam o folk. Mas em 1962/3 o folk e o rock fizeram as pazes e o resultado foi outro subgênero, o folk-rock, onde se notabilizaram Joan Baez, Bob Dylan, The Mamas & The Papas, Peter, Paul & Mary, os Byrds e o inglês Donovan, sem falar em espertinhos que pegaram carona no sucesso do gênero, como Sonny & Cher, ou em fãs do blues que a princípio preferiam o folk ao rock, como a mais jovem Janis Joplin.

Country music: Assim como todo país tem sua música folclórica, tem também sua "country music", música do campo, interiorana, caipira mesmo, criada longe dos grandes centros urbanos, pouco letrada, mas muito fluente, música tão popular que muitas vezes chega a ser confundida com folk-music. Uma das origens mais diretas do rock é justamente o que se rotulou rockabilly ("rock"+ "hillbilly", caipira), e definido por um de seus criadores, Carl Perkins (nascido em 1932) como "blues with a country beat" – praticamente um sinônimo de nosso próximo assunto, rhythm & blues. E nos anos 1930 já tínhamos o "Western Swing" texano, country influenciado pelas big bands de jazz, onde se encaixam nomes como Spade Cooley e, mais recentemente, o grupo Asleep At The Wheel. O 49º Estado norte-americano, o Havaí, contribuiu com a guitarra havaiana (consta que este estilo, muito usado no country e no blues, foi inventado em 1894 pelo havaiano Joseph Kekeku, que deixou cair um pente em cima do braço de seu violão). Nos anos 1940, a música rural passou a ser chamada de "hillbilly music" (música de caipiras). Foi a revista *Billboard* que criou e começou a divulgar a designação "country music" ao criar, em 1944, uma parada de sucessos diferenciada para "folk music" e, em 1949, perceber que o rótulo incluía muitos intérpretes caipiras, renomeando-a "Country &

Breve história do Rock

Western" ("campo e a região Oeste"); quem criou este rótulo foi Paul Ackerman (1909/1977), então editor da *Billboard*. Apesar do rótulo "country music" tardar a surgir, este tipo de música fez muito sucesso desde cedo; talvez o primeiro disco country de grande repercussão tenha sido "The Little Log Cabin in The Lane" de Fiddlin' John Carson, em 1924, e um dos primeiros grandes ídolos country foi Jimmie Rodgers, mais tarde chamado justamente "Pai da Country Music", que começou a gravar discos em 1927. O primeiro grande ídolo de massa da música country foi o cantor e compositor Hank Williams (1923/1953), cujos muitos sucessos, quase todos compostos por ele mesmo, incluem "Hey Good Lookin'", "Lost Highway", "Jambalaya", "Honky Tonkin'" e "Move It On Over" – a inspiração direta para "Rock Around The Clock".

Rhythm & blues: Em resumo, o blues com a marcação do ritmo mais acentuada, tornando-o mais dançante. Para alguns, os

Hank Williams

O cantor e compositor Hank Williams foi o primeiro superstar da country music – e também, infelizmente, um dos primeiros a sucumbir aos excessos da vida de superastro, tendo morrido no banco traseiro de seu Cadillac ao misturar uísque com hidrato de cloro no caminho para um de seus shows. Suas composições e estilo de interpretação continuam influentes, inclusive no rock'n roll.

spirituals do século XIX já eram o início do rhythm & blues (que doravante abreviamos para r&b); de qualquer modo, o r&b só se firmou como tal nos anos 1930, quando o blues finalmente se aclimatou na cidade grande, com o impulso de big bands como as de Duke Ellington e Count Basie.

Calipso: Originalmente o nome de uma personagem de Homero e de uma espécie de orquídea, desde o século XIX designa também um ritmo-canção surgido em Trinidad, de melodia dolente e ritmo bem marcado. Alguns dos calipsos de maior sucesso são "Rum And Coca-Cola", com as Andrews Sisters, e "Banana-Boat-Day-O", com Harry Belafonte. Muitos dos primeiros clássicos do rock ou do pop-rock, como "Little Darlin'", dos Gladiolas/Diamonds, "Oh Carol", de Neil Sedaka, ou "Diana", de Paul Anka, podem ser definidos como calipsos.

Pop music: Originalmente abreviatura de "popular music", passou a designar música comercial, feita para as paradas de

Al Jolson
Pop music é a música popular feita para vender discos, partituras, filmes, shows, produtos em publicidade e muito mais, imediatamente assimilável e contagiante para os fãs em letra, melodia e/ou arranjo; a imagem do intérprete também ajuda. Um dos primeiros ídolos pop foi o cantor Al Jolson, cujas interpretações diretas e emocionadas fizeram muito sucesso, abrindo o caminho para outros cantores ídolos de massa como o mais sutil Bing Crosby e o mais exuberante Frank Sinatra (cujas apresentações enlouqueciam as fãs já nos anos 1940, como presságio do que ocorreria na era do rock).

Breve história do Rock

sucesso e aberta a influências de qualquer parte ou época, desde que de apelo popular – e geralmente passando pelo filtro da indústria norte-americana de entretenimento. "Uma boa canção é uma boa canção, não importando se foi composta em 1900 ou 1950". Esta frase de Stanley Green resume bem o que é a música pop, uma esponja para tudo o que tenha apelo comercial, seja de que local ou época vier. Alguns dos maiores ídolos de música pop pré-rock e mais influentes sobre o próprio rock são os cantores Al Jolson (1886/1950), Bing Crosby (1903/1977) e Frank Sinatra (1915/1998). Muita gente boa refere-se erroneamente a "pop music" como sinônimo de rock, embora aquela possa ter influências deste.

Outras influências: a marcação rítmica de ritmos latinos de grande repercussão mundial, vindos de Cuba (beguine, bolero, habanera, mambo, rumba), Jamaica e Antilhas (calipso), Brasil (baião, bossa nova); a pop music que vem florescendo desde os anos 1880, a partir da popularização da invenção da gravação de sons; a música popular da colonizadora Inglaterra e de imigrantes italianos, franceses, alemães, árabes, orientais e tantos outros; a música erudita, seja a mais tradicional de compositores de sucesso popular como Mozart e Tchaikovski ou a experimental do século XX, de Debussy, Schaffer e outros.

Grandes invenções dos anos 1870 a 1940: gravação de sons em cilindros (1877) e em discos (1887), máquina de escrever (1873), mimeógrafo (1875), Coca-Cola (1886), cinema (1894), guitarra havaiana (1894), raio-X (1895), transmissão transatlântica de sons sem fio (1901), órgão eletrônico (1934), gravação em fita magnética (1936), psicanálise (1900), avião (1903), gravação elétrica (1924), cinema sonoro (1927), televisão (1927), disco long-play (1948), compacto de 45 RPM (1949); guitarra elétrica

(1923), microfone (1876), produção em massa de automóveis (1908), telefone (1876), lâmpada incandescente (1879), máquina fotográfica portátil (1888), automóvel a gasolina (1892), ar condicionado (1902), comida congelada (1929), nylon (1938), câmeras Polaroid (1947), ventilador elétrico (1882), lâmina de barbear (1901), primeiro programa de rádio (1906), transmissão de imagens via telex (1934), flash (1898), caneta esferográfica (1938), aspirador (1901), matéria plástica (1907), geladeira (1911), cartões de crédito (1920), pão em fatias (1928), celofane (1912), helicóptero (1907), iluminação a gás neon (1910), motocicleta (1885), frasco de vácuo (1892), aspirina (1899), fita adesiva (1930), pneu (1888), canivete suíço (1891), pirulito (1923), hidroavião (1910), lentes de contato (1887), arame farpado (1874), secador elétrico de cabelos (1890), zíper (1892), sutiã (1914), flocos de milho (1895), tampas de metal para garrafas (1892), caixa registradora (1879), aerosol (1926), pasta de dente em tubos (1892), forno de microondas (1945), montanha russa (1884), clipe para papel (1899), avião a jato (1930).

Anos 1950

"Vamos dançar a noite inteira"

Já sabemos que o rock'n roll se resume, a curto e grosso modo, a rhythm & blues tocado à maneira dos brancos, com influência de country, foxtrote e outras. Vamos agora examinar os principais gêneros de rock'n roll surgidos nos anos 1950:

Doo-wop: Com raiz nos improvisos vocais sem palavras do jazz, baseia-se em harmonias vocais cantando sílabas sem sentido, porém, expressivas; "doo-wop" são apenas duas destas sílabas, assim como o "be-bop", que batizou uma variação mais frenética e virtuosística do jazz.

Rockabilly: Também chamado por alguns de country-soul, e definido por um de seus mestres, Carl Perkins, como "blues com uma batida country" – ou seja, quase um sinônimo de rock'n roll. Outros roqueiros que se destacaram no rockabilly foram Gene Vincent (1935/1971), Jerry Lee Lewis (nascido em 1935), Eddie Cochran (1938/1960), Johnny Burnette (1934/1964) e seu mano Dorsey Burnette (1932/1979).

Jerry Lee Lewis

O pianista e cantor Jerry Lee Lewis é um dos mais ilustres representantes do frenesi e descompromisso do rockabilly, fusão de country com blues, similar ao rhythm & blues, só que mais acaipirado. Lewis é também o único grande artista de sua geração – que inclui Elvis, Roy Orbison e Carl Perkins – a sobreviver ao fim do século XX, além de manter o pique ainda hoje, já passado dos 70 anos.

Rock instrumental: É quando uma nota vale mil palavras, especialmente com solistas do calibre do saxofonista King Curtis (1934/1971), o organista Dave "Baby" Cortez (nascido em 1938, seu grande hit foi "The Happy Organ") ou o guitarrista Link Wray (1935/2006). Este último é considerado o primeiro a tocar com timbre distorcido, furando os alto-falantes do amplificador com alfinetes; é um dos grandes ídolos de Pete Townshend, Jeff Beck, Dave Davies (dos Kinks), Marc Bolan (do T. Rex) e outros, ativo e alucinado até o fim. Não esquecendo grupos instrumentais como Johnny and The Hurricanes, os ingleses do The Shadows – grupo cuja influência rivalizou com a dos Beatles, por sua vez também influenciados por eles – e, ainda, The Ventures, o primeiro grande grupo de Seattle.

Soul: Fusão das harmonias e do estilo de interpretação passional do gospel com o r&b, seu primeiro ídolo foi Ray Charles.

Breve história do Rock

Outros "soul brothers and sisters" importantes são James Brown (1928/2006, cuja coreografia frenética e inimitável era puro soul-vaudeville), Aretha Franklin (nascida em 1942, a "Lady Soul"), Nina Simone (1921/2003, a "Sacerdotisa do Soul"), Jackie Wilson (1934/1984), Sam Cooke (1935/1964), Otis Redding (1941/1967), Arthur Alexander (1940/1993), Wilson Pickett (1941/2006), Curtis Mayfield (1942/1999), Ike & Tina Tuner e o grupo vocal The Isley Brothers.

Rock ítalo-americano: Além do Brasil e de outros países, os EUA também foram agraciados com a imigração maciça, a partir dos anos 1870, de italianos insatisfeitos com a situação financeira de seu país e dispostos a tentar a sorte alhures. Não demorou para "questa buona gente", com sua musicalidade expressiva e extrovertida, contribuir sobremaneira para o pop norte-americano, inclusive graças a "oriundi" como Mario Lanza, Frank Sinatra, Dino Crocetti e Anthony Benedetto (estes últimos mais conhecidos como Dean Martin e Tony Bennett). E, de 1958 a 1962 não faltavam roqueiros de ascendência italiana nas paradas de sucesso, como Dion & The Belmonts, The Crests e The Four Seasons, além de artistas mais comerciais melhor enquadrados no...

James Brown

O cantor, compositor e band-leader James Brown empata com Ray Charles como o mais influente artista da soul-music, fusão de gospel com rhythm & blues. Em seus mais de 50 anos de carreira, Brown foi precursor do funk e do rap; trechos de bateria de seus discos estão entre os mais sampleados pelos rappers.

High-school rock: "Não compre discos negros! Eles corrompem a mente dos jovens! Ajude a salvar a juventude da América!" O high-school rock (literalmente "rock de colégio") veio sob medida para a classe-média norte-americana que levou a sério este panfleto distribuído lá pelos anos 1930/40. Já que não era possível deter o avanço da música de raízes negras, pelo menos que ela fosse cooptada, tão atenuada quanto possível, aproveitando apenas seus aspectos "positivos" – a batida animada, as melodias contagiantes (pelo menos mantiveram as "blue notes"). E assim foi feito: as grandes gravadoras lançaram vários cantores e cantoras brancos, bonitinhos e bem educados, muitas vezes regravando hits de artistas negros, como Fats Domino ou Little Richard, roubando-lhes o lugar ao sol das paradas ou do grande público, já que tinham bem mais divulgação e aceitação da chamada "maioria silenciosa"; e, como convém à classe média, a aparência é tudo; talento era o de menos. Ao lado de, bem, "cantores" como Fabian (nascido em 1943), e Annete Funicello (nascida em 1942), o high-school rock teve artistas de algum talento como Connie Francis (nascida em 1938) e o grande "vilão" do gênero, Pat Boone (nascido em 1934), que até se redimiu de suas versões super-aguadas de "Tutti-Frutti", de Little Richard, e "Good Rockin' Tonight", de Roy Brown, ao interpretar canções realmente pop, como "Bernardine" e "Love Letters In The Sand" (e nos EUA dos anos 1960 ele só emplacou menos hits do que Elvis e os Beatles!).

Cha-cha-chá: Variante simplificada dos ritmos cubanos do mambo e da rumba criada em 1951, e cuja característica mais marcante (em todos os sentidos) é o agogô ("cowbell"), acentuando todos os tempos do compasso 4/4. O cha-cha-chá foi promovido no final dos anos 1950 para concorrer com o rock'n roll. Alguns cha-cha-chás roqueiros famosos são "Itsy Bitsy

Breve história do Rock

Teenie Weenie Yellow Polkadot Bikini", com Bryan Hylandy; "Three Cool Cats", com os Coasters; "The Happy Organ", de Dave "Baby" Cortez e, para não deixar dúvidas, "The Cha-Cha-Cha", com Bobby Rydell. E muitos sucessos do guitarrista norte-americano Carlos Santana ("Oye Como Va", "Guajira", "Evil Ways") são, na verdade, cha-cha-chás com ênfase na percussão e guitarra elétrica.

Pop-rock: É o rock menos radical, que admite influências de outros estilos – por exemplo, o cha-cha-chá é uma fusão de rock'n roll com o ritmo cubano do bolero. Não há o que discutir: o rei do pop-rock foi e ainda é Elvis Presley (1935/1977), e o segredo de sua imortalidade, além de talento e do carisma, é o mesmo dos Beatles: ecletismo e versatilidade. O próprio Elvis não gostava muito de ser chamado de "rei do rock"; afinal, ele era fã de cantores pop como Dean Martin, de baladonas de pop e de gospel, mas era capaz de transformar qualquer coisa – canções napolitanas ou alemãs, habaneras, bossa-nova – em rock'n roll.

Elvis Presley

Pop-rock é a música pop, feita para as paradas de sucesso, mas usando o rock como um de seus ingredientes. Poucos discordam ser Elvis Presley o grande rei do pop-rock, bom cantor e de repertório versátil o bastante para agradar a todas as idades, desde 1956, quando surgiu para o grande público, até mesmo 30 anos após sua morte, em 1977.

Obviamente, todos esses gêneros são subdivisões do rock'n roll, e nenhum deles é camisa-de-força. A própria *Billboard* já tinha a esta altura três paradas de sucesso: pop, country e r&b, havendo muito "crossover", ou seja, gravações de um gênero que agradavam o público de outro gênero. Um exemplo berrante (não literalmente) é "Ain't That A Shame", de Fats Domino, emplacar na parada de r&b – mas na versão branquela de Pat Boone! Mais edificante é "Hound Dog", de Elvis, que alcançou o primeiro lugar nas três paradas.

Grandes invenções dos anos 1950: contrabaixo elétrico (1951), gravação em estéreo (1957), videoteipe (1956), rádio a transistor (1954), satélite artificial (1957), cinto de segurança de três pontas (1959), descoberta do DNA (1953), fraldas descartáveis (1951), franquia McDonald's (1954).

Anos 1960

"Não esqueça as flores no cabelo"

Um dos maiores mitos do rock é que não houve rock'n roll de qualidade entre o sumiço dos pioneiros na virada dos anos 1950 para 1960: a morte de Eddie Cochran, Elvis no exército, Little Richard interrompendo a carreira para ser pastor, Chuck Berry na prisão etc. e a chegada dos Beatles, os "salvadores do rock'n roll". Para derrubar essa falácia, basta lembrarmos artistas de qualidade surgidos, e com muito sucesso, nesse período, como os Beach Boys, Del Shannon, Burt Bacharach, os Four Seasons, Carole King, Phil Spector, Bob Dylan e até gravadoras inteiras como a Motown. E foi nesta década que muitos passaram a distinguir "rock'n roll" de "rock", sendo o primeiro mais dançante e direto e o último mais cerebral e pretensioso.

Pois bem, podemos agora citar os primeiros estilos de rock surgidos ou desenvolvidos nos anos 1960:

Twist e derivados: Mais um estilo de dança do que propriamente de música, o twist foi uma praga comparável à disco-music, de 1960 a 1964, e seu grande ídolo foi Chubby Checker (nascido em 1941), que entrou para a história como "o homem que inventou a dança sem par". A dança e os hits de Chubby – "The Twist" (cover do original do autor, Hank Ballard), "Let's Twist Again", "Slow Twistin", – geraram muitas imitações, algumas ilustres. Basta dizer que um dos primeiros hits dos Beatles nos EUA foi "Twist And Shout" (cover dos Topnotes e dos Isley Brothers). Chubby e outros lançaram ainda mil danças similares: hully-gully, slop, watusi, monkey etc. A tradição de danças comerciais continuou após o twist: boogaloo, mongoose, reggae (lançado fora da Jamaica como "dança", não um ritmo típico de um país, tal como o samba). Idem na era discothèque: bump, coochie-coochie, hustle... Podemos citar também o break, dança bastante complexa e muito popular entre os jovens negros desde os anos 1980; o mais recente "Miami bass" e seu irmão "funk carioca" são pouco mais que modernizações do twist com ênfase no canto falado e em letras de teor pornográfico que talvez nem seja conveniente ou necessário reproduzir aqui.

Ye-yé: Pop comercial e dançante que funde o high-school rock e rock ítalo-americano à canção francesa e italiana. O nome se inspira no "yeah-yeah-yeah" de várias canções dos Beatles (especialmente "She Loves You", por sua vez derivada de "Handy Man", de Otis Blackwell, no arranjo de Del Shannon), e equivale ao "ié-ié-ié" brasileiro.

Mod: Abreviatura de "modernist", define o movimento formado por jovens ingleses dedicados a seguir a última moda em roupas ou pop afro-norte-americano (a gravadora Motown, James Brown e soul music em geral) – além de levar ainda mais longe a liberdade de dança, sem se preocupar com parceiros, e sim, com a auto-expressão. O grupo The Who foi mestre em retratar em sua música as características mais marcantes do movimento mod.

Breve história do Rock

Folk-rock: Bob Dylan, Joan Baez, os Byrds, Peter, Paul & Mary, o Buffalo Springfield, a canadense The Band e ingleses com Donovan são alguns dos "hereges" que ousaram "conspurcar" a pureza da folk-music norte-americana com guitarras elétricas e a pulsação do rock'n roll. Tal heresia durou um breve período, de 1965 a 1966 (embora Suzanne Vega, inglesa como o Fairport Convention e os Waterboys e outros tenham mantido a tradição), mas foi o suficiente para servir de raiz para o...

Psicodelismo/acid-rock: Parecem sinônimos, mas não são. O acid-rock, nascido na cidade de São Francisco, buscava reproduzir os efeitos da maconha e do LSD, muito louco, bicho, usando distorções, pedais de efeitos, teclados, escalas hindus ou muito volume. Os grandes nomes do acid-rock foram os grupos Jefferson Airplane, The Grateful Dead e Love. Já o psicodelismo (o nome é cortesia do psiquiatra Dr. Humphrey Osmond

The Grateful Dead

Apurando-se mais a sensibilidade e os sentidos, mesmo que sem a ajuda de determinadas substâncias, pode-se não só ouvir os sons, mas também vê-los e apalpá-los, e ouvi-los não só com os ouvidos, mas com o corpo todo; esta expansão sensorial é o mote básico do psicodelismo, a trilha sonora preferida para o descompromisso do hippismo e do "desbunde" dos anos 1967-71, tipificado por grupos como o norte-americano The Grateful Dead, um dos mais importantes do estilo, que misturava rock'n roll, country e blues, muitas vezes em longos improvisos – e que em alguns shows chegava a levar horas para decidir qual a próxima música que iria tocar.

e significa "manifestação da mente"), parte do pressuposto de que não é preciso tomar ácido para se fazer acid-rock, bastando usar distorção e wah-wah, encher a sala de pôsteres, vestir túnicas multicores e, claro, usar flores no cabelo. O psicodelismo tem muita influência das Índias Ocidentais, como se nota nas túnicas e batas multicoloridas e nos solos modais (sobre um único acorde), imitando o sitar (instrumento de cordas hindu).

Led Zeppelin

O quarteto inglês Led Zeppelin é um dos mais famosos representantes do heavy-metal, estilo que se resume a blues tocado e cantado no último volume, inclusive mantendo nas letras as temáticas de sexo e satanismo, só que com marcação rítmica mais forte e "pesada", lembrando o avanço lento, porém, seguro e destruidor, de um tanque de guerra, daí o rótulo de "metal pesado". Pode-se dizer que o Led Zeppelin fez pelo heavy-metal o que os Beatles fizeram pelo rock'n roll, refinando-o, embora mantendo estilo próprio, e popularizando-o a ponto de conseguir muitos fãs para além dos adeptos do estilo.

Breve história do Rock

Heavy-metal: Resume-se a blues superamplificado, com guitarra, contrabaixo e bateria socando riffs em uníssono e vocais igualmente estridentes, com sonoridade e temática aflitivos e tenebrosos. Ancestrais diretos incluem Link Wray, os Kinks, os Yardbirds, Hendrix e o Vanilla Fudge; o heavy tomou forma em 1968 com o surgimento dos ingleses Led Zeppelin, Deep Purple e Black Sabbath, a que os ianques contratacaram com Grand Funk, Mountain e outros. Uma ilustre variante, o hard-rock, pode ser vista nos anos 1970.

Rock progressivo ou art-rock: No fim dos anos 1960, o rótulo "rock progressivo" surgiu para designar qualquer artista de rock que fugisse do pop comercial – até o Black Sabbath e o Steppenwolf eram chamados de progressivos. Mas logo o termo acabou se adaptando a todo o rock feito com pretensões de "obra de arte" e que tentasse se alar acima de qualquer divertimento dançante, usando influência da música erudita, do jazz ou de países que não fossem os EUA ou a Inglaterra. Entre os pioneiros, temos os ingleses do Zombies (que influenciaram os Doors, Genesis e outros), e o americano Frank Zappa (1940/1993), lá por 1964-66; além de incorporar efeitos de som e luz com o Pink Floyd ("o iluminador tem que ser membro do grupo", disse Rogers Waters, em 1967), o progressivo tomou a forma "classicosa" com as suítes de Yes, Genesis, Emerson, Lake & Palmer e mil outros "viajantes".

Surf-music: Caracterizado por guitarras agudas e estridentes, procurando reproduzir a emoção dos surfistas ao "cavalgar" as ondas. Os Beach Boys foram os mais famosos, mas o rei da surf-music foi o guitarrista Dick Dale; outros ilustres nomes do gênero são os Surfaris e a dupla Jan & Dean. O inglês The Who também flertou com o surf, e o gênero anima surfistas e skatistas até hoje – ou mesmo quem goste de rock mas não de prancha, a começar por Brian Wilson, dos Beach Boys.

Dick Dale

Provavelmente o primeiro estilo de música popular a refletir todo um modo de vida em suas letras, melodias e arranjos. Enquanto o esporte do surfe se popularizava pelo mundo na primeira metade dos anos 1960, vários roqueiros buscavam reproduzir musicalmente o som das ondas e a emoção de surfar ou simplesmente curtir férias na praia, criando assim um rockabilly ao mesmo tempo mais melódico e pesado. O guitarrista e compositor Dick Dale é reconhecido como o grande mestre da surf-music.

Sunshine pop: Como sugere o nome, é pop-rock ensolarado, alegre, "pra cima", com muita influência do music-hall. Alguns exemplos são "Daydream", do Lovin' Spoonful; "The Rain, The Park And Other Things", dos Cowsills; e "Happy Together", dos Turtles.

Girl groups: Grupos femininos que dominaram as paradas em 1958/65, com uma sonoridade geral ao mesmo tempo forte e delicada. Os mais notáveis incluem as Shangri-Las, Shirelles, Crystals, Supremes, Chantels, Ronettes e Angels. O gênero continua vivo e se modernizando hoje em dia, inclusive em outros gêneros além do pop-rock, como o Bananarama, as Cover Girls, En Vogue, Destiny's Child e outras gurias.

Bubblegum: "Rock-goma-de-mascar", tão moleque quanto o nome, com ritmo herdado do rock de garagem inglês, melodias

Breve história do Rock

contagiantes e alegres e letras bem adolescentes e até infantis, sobre namoricos ou inspiradas em cantigas de roda – prova de que o ser humano, especialmente o roqueiro, quer ser criança a vida inteira. Grandes expoentes: Ohio Express, 1910 Fruitgum Co., Andy Kim, Tommy James e um grupo que nem existia: os Archies que, na verdade, eram músicos e cantores de estúdio que davam voz a personagens do desenho animado homônimo – e que deu ensejo a imitações/desdobramentos, muitas chegando a fazer sucesso, como The Banana Splits e Josie & Pussyeats.

Funk: Originalmente gíria equivalente ao nosso "bodum", também "deprimido" e nome de um estilo de jazz-soul dos anos 1950, o funk é r&b com o mínimo de concessões ao público branco, com marcação forte e balançada, inaugurado com "Funky Broadway", de Duke & The Blazers, em 1967, e seus maiores nomes incluem George Clinton & Parliament/ Funkadelic; The Meters; Sly & The Family Stone; Earth, Wind & Fire; Kool & The Gang; e o imbatível James Brown.

Rock inglês: Nada mais é que a interpretação dos ingleses para o r&b, soul e o rock'n roll, bem temperada com o music-hall e o formalismo tipicamente ingleses. Além de, claro, os Beatles, outros grupos que sempre mantiveram o britanicismo são/foram o Who, os Kinks, os Zombies, The Move, os Herman's Hermits, o Dave Clark Five e os Bee Gees.

Blues inglês: John Mayall (nascido em 1933), Cyril Davies (1932/1964) e Alexis Korner (1928/1983) foram grandes capitães do renascimento do blues na Inglaterra, bem como de sua reexportação para um público norte-americano que só ouvia rock'n roll e ignorava as próprias raízes. Os grupos formados por esta trinca revelaram Jack Bruce, Mick Jagger, Brian Jones,

Ayrton Mugnaini Jr.

Eric Clapton, Graham Bond, Peter Green e outros roqueiros ingleses com muita influência do blues. Há que falar ainda de grupos dedicados ao blues como os Animals, os Yardbirds (antes de ambos aderirem ao psicodelismo) e os Stones (até 1964, ano em que colocaram um blues de Willie Dixon no primeiro lugar da parada de sucessos inglesa em plena Beatlemania), não esquecendo os esquimós que compraram a geladeira, ou seja, norte-americanos que reaprenderam blues com os ingleses, como o Canned Heat, Allman Brothers e o Big Brother, com Janis e tudo.

Eric Clapton

O guitarrista, compositor e cantor inglês Eric Clapton foi um dos músicos ingleses dos anos 1960 que mais se esforçaram para manter viva a arte de bluesmen então esquecidos ou obscuros como Robert Johnson e Muddy Waters. A princípio purista a ponto de deixar o grupo The Yardbirds quando eles se tornaram mais pop, passou a tingir de blues tudo o que tocou desde então, fosse o psicodelismo do Cream ou o blues-rock de Derek & The Dominos – chegando, em sua carreira-solo, a ser grande divulgador do reggae, versão jamaicana do rhythm & blues, e a gravar um disco inteiro em tributo a Robert Johnson.

Jazz-rock: inaugurado oficialmente em 1968 por um jazzista dos maiores e dos menos radicais, Miles Davis (1926/1991), no LP *Les Filles de Kilimanjaro*, o surgimento do jazz-rock era só questão de tempo. Afinal, o rock'n roll é irmão mais novo do

Breve história do Rock

jazz, e nunca faltaram roqueiros que começaram tocando jazz, como Chuck Berry e Charlie Watts, ou tinham influência do próprio, como Frank Zappa, Manfred Mann ou Ian Anderson. Sem falar em outros jazzistas, além de Miles, que flertaram com o rock, como Louis Armstrong ou Ella Fitzgerald. Boa parte da trilha sonora do filme *King Creole*, de Elvis, funde rock'n roll ao dixieland e, portanto, pode ser considerada jazz-rock primtivo. Detalhe: referir-se ao jazz-rock como "fusion" é um erro semelhante a chamar música erudita de "clássica". "Fusion" (fusão) pode ser de quaisquer gêneros; por exemplo, a bossa-nova é uma fusão de jazz e samba, e John Mayall lançou um LP chamado *Jazz-Blues Fusion*. O jazz-rock (às vezes mais jazz e quase sempre rock) agradou e polemizou do início até hoje, com grandes expoentes como os americanos Chicago, Spyro Gyra e Weather Report, os ingleses John McLaughlin, Soft Machine e Sting sem o Police, e estrangeiros em geral como o alemão Passport ou nosso mundialmente prestigiado Azymuth.

Supergrupos: Nada mais (ou nada menos) que grupos formados por membros de outros grupos famosos. Com egos de tamanho comparável aos talentos, os supergrupos não costumam durar muito: Cream; Emerson, Lake & Palmer (que, por pouco, não inclui Hendrix); Crosby, Stills & Nash (ora com, ora sem Young), Beck, Bogart & Appice; KGB; The Firm... Pena que sejam raros os supergrupos inspirados e espirituosos como Little Village e Traveling Wilburys.

Ópera-rock: Roqueiros mais literatos acabaram sucumbindo à tentação de contar histórias com mais de três minutos lá por 1967-68. Tecnicamente, quase todas as óperas-rock estão mais para musicais em ritmo de rock ou cantatas-rock, raramente cantadas na primeira pessoa ou seguindo uma narrativa linear;

mas o rótulo "ópera-rock" soava bem e pegou. As óperas-rock mais ilustres incluem *Hair!*, da trinca Ragni, Rado & McDermot (a que rendeu mais canções de sucesso); *Tommy*, do The Who (a mais famosa); *Arthur*, dos Kinks (talvez a melhor); *S. F. Sorrow*, dos Pretty Things (talvez a primeira), *Jesus Christ Superstar*, de Webber & Rice (a mais próxima de ser uma verdadeira ópera), e *The Lamb Lies Down On Broadway*, do Genesis, e *The Wall*, do Pink Floyd (dois exemplos mais recentes).

Revival: Muitos roqueiros acabaram se cansando de tanta complicação harmônica e literária lá por 1968, lembrando que o rock nasceu como música para dançar, bem mais hormonal que cerebral. Essa volta às raízes foi cortesia de Dylan, em *John Wesley Harding*; dos Stones, em *Beggar's Banquet*; dos Beatles com "Get Back" (até no nome); e grandes revivalistas como o grupo americano Creedence Clearwater Revival (mais um nome bem explícito) e, mais recentemente, os ianques do Stray Cats (desde 1979) e o inglês Dave Edmunds (que, além de produzir discos do Stray Cats, participou em 1974 do filme *Stardust*, com um grupo chamado, vejam só, Stray Cats).

Garage-rock, protopunk ou freakbeat: Para estes roqueiros, celebridade e muita grana importavam ainda menos que sofisticação musical; qualquer um pode fazer rock de garagem, basta ter os instrumentos, saber três acordes ou marcar um 4/4, ter uma garagem ou um quarto, e vamos lá. Gravações, quando aconteciam, eram no mesmo espírito moleque e agressivo; afinal, rock é, antes de tudo, troca de energia, pouco importando virtuosismos vocais ou instrumentais. Alguns destes grupos, que gravaram de 1965 a 1966, são The Standells, Syndicate Of Sound, Chocolate Watchband, The Music Machine, Shadows Of Knight e, na Inglaterra, os Troggs (ativos até hoje).

Breve história do Rock

The Standells

Mantendo o amadorismo e o descompromisso que muitos consideram inerentes ao espírito do melhor rock'n roll, as bandas de garagem norte-americanas dos anos 1960 revelaram-se precursoras do punk-rock da década seguinte. Algumas bandas conseguiam alcançar fama nacional sem abandonar o espírito anticomercial do rock de garagem; um bom exemplo são os The Standells, que chegaram a participar de vários filmes e até de um episódio da série de TV Os Monstros (The Munsters).

Middle-of-the-road (MOR): No extremo oposto do rock de garagem, temos o rock bonitinho e comercial, para tocar no rádio, mas que ainda mantém elementos suficientes para ser chamado de rock. Por exemplo: os Carpenters foram criticados por muitos de seus fãs ao usarem uma guitarra muito distorcida em "Goodbye To Love", mas estes logo se acostumaram e hoje em dia coloca-se guitarra alta em tudo. Não podemos esquecer o Bread, Olivia Newton-John como reis do MOR ou "rock para quem não gosta de rock", ou ainda, veja só, AOR, "adult oriented rock".

Crítica de rock: Por volta de 1967, o rock já não era apenas um gênero musical entre outros, merecendo, como o jazz, uma imprensa só para ele, diferentemente das revistinhas para adolescentes de até então, além de surgirem nos EUA publicações como *Circus*, *Rolling Stone* e *Crawdaddy*, periódicos ingleses importantes como *Melody Maker* (fundado em 1926 como jornal de jazz e descontinuado em 2000, dedicando-se somente ao pop-rock nas últimas três décadas), acabaram se dedicando quase somente ao rock. O rock tomou consciência de que já tinha uma história digna de ser registrada e interpretada. Por exemplo, a cantora Connie Francis lançou um LP chamado *Movie Greats Of The 60s* já em 1966. E o público foi se polarizando cada vez mais: rock ("revolucionário e progressivo"; "rock'n roll" era coisa de velho) x pop ("reacionário e comercial"), LP x compacto, jovens x adultos, AM x FM, tradicionalistas x malucões, ginasiais x universitários... E quem estuda a história do rock nos anos 1960 acaba perdoando pecadilhos dos norte-americanos como os conflitos raciais nos guetos novaiorquinos de Watts, a guerra do Vietnã, as mortes de Martin Luther King e John Kennedy, o mar de lama dos festivais pouco organizados; bem como os conflitos entre os mods (seguidores da moda) e os rockers (roqueiros mais tradicionais) na Inglaterra e, um flagelo comum a ambos os países, a liberdade com pouca responsabilidade do excesso de drogas e de solos instrumentais de horas e horas. É claro que houve movimentações positivas, como a dos estudantes franceses de maio de 1968. E continua a

Breve história do Rock

dúvida sobre como rotular revolucionários como os guitarristas Jimi Hendrix (1942/1970), Jeff Beck (nascido em 1944), que fizeram de tudo: rock, jazz, blues; ou punks que em muito transcenderam o gênero, como Lou Reed (nascido em 1944) ou Iggy Pop (nascido em 1947).

Grandes invenções dos anos 1960: Pedais alteradores de timbres como wah-wah, distorção e phaser (primeira metade da década); fita cassete (1965), raio laser (1960), minicomputador (1965), chegada à Lua (1969), mouse de computador (1964), airbag (1961), calculadora portátil (1967), pílula anticoncepcional (1960), minissaia (1965).

Anos 1970

"Irmãos e irmãs, vamos parar com a guerra"

Para muitos, esta foi "a época que o bom gosto esqueceu", auto-indulgente, narcisista, plácida e, em resumo, uma época que não prestou. Na verdade, com a indústria cada vez maior, simplesmente aumentou o espaço para dejetos, sucatas e material com defeitos de fabricação. E o ser humano tende a lembrar e divulgar os maus momentos melhor que os bons. Enfim, se uma década foi melhor que outra é mera questão de gosto (bom ou mau, não se discute). Enfim, os anos 1970, segundo a jornalista Ana Maria Bahiana, em 1975, foram uma época "fútil" onde "tudo se esquece e se perdoa" – ou, diz outro crítico, ainda em 1973, "os plácidos, classicosos e deprimidos anos 1970". Certamente, foi uma década confusa, porém, muito produtiva.

Power-pop: Caracterizado por melodias bem elaboradas sobre guitarras em alto volume e ritmo pesado. Suas raízes estão nos primeiros sucessos pesados, porém, melodiosos de grupos ingleses dos anos 1960, como o Who, Kinks e Small Faces; alguns expoentes do power-pop são grupos como Raspberries e Big Star.

Breve história do Rock 55

Punk-rock: Se nos anos 1960 a grande onda era paz e amor, solos compridos, muito otimismo e misticismo, o punk inglês de 1976 não gostou de ver Mick Jagger e outros antigos rebeldes (antigos em mais de um sentido) passeando de limousines e badalando na soçaite, enquanto os pobres fãs andavam de ônibus. Além de muito niilismo e rebeldia, o punk foi, musicalmente, uma volta às raízes do rock'n roll dos anos 1950 e do "garage rock" dos anos 1960 da forma mais crua possível; não era incomum que membros da plateia (em barzinhos, claro; nada de arenas) subissem ao palco e tocarem melhor (ou menos mal) que os astros da noite. É verdade que os Sex Pistols, embora tão influente, foram pouco mais que uma armação de um empresário espertalhão, Malcolm McLaren, e que, apesar de rebeldes e irreverentes, ganharam muita grana e se confessaram, num filme e LP chamados *The Great Rock'n roll Swindle* ("A grande trapaça do rock'n roll"). Mas no rock'n roll as boas intenções

Sex Pistols

Literalmente "rock delinqüente", o gênero se caracteriza pelo total descompromisso e irreverência – mesmo que alguns expoentes do gênero, como os ingleses Sex Pistols, tenham se revelado "armações" para explorar o punk como um modismo, confirmando a máxima de que "ataques à sociedade de consumo tornam-se produtos a serem consumidos". Mas isto não desmerece a representatividade dos Pistols como um bom grupo punk, direto e cheio de energia.

importam muito menos que os resultados, e centenas de punks levaram os Sex Pistols a sério, usando suásticas por ideologia ou não, como McLaren e seus amigos, só para chocar. Muitos destes grupos, como o Clash, Nuzzcocks, Magazine, Siouxsie & The Banshees, Damned e Stranglers, acabaram aprendendo mais acordes e foram promovidos a...

New-wave: Estes perceberam que o rock, gordo de dólares a ponto de quase não se mexer, andava carente não só de energia, mas também de canções contagiantes e marcantes. A new-wave, não sendo tão destrutiva (ou autodestrutiva) quanto o punk, chegou mais perto de eclipsar os roqueiros estabelecidos. Além do Clash (que incorporou elementos do reggae), Buzzcocks, Graham Parker & The Rumour, outros ingleses que ajudaram a devolver ao rock a urgência e adrenalina dos bons tempos incluem Nick Lowe, Dave Edmunds, Rich Kids, Ian Dury e outros mais "assobiáveis" e que ganharam um subgênero, power-pop. Os EUA não ficaram atrás em termos de new-wave ou power-pop, com os Ramones, Talking Heads, Television, Tom Petty, Blondie, Jonathan Richman & The Modern Lovers, Devo, B-52's, Dead Boys, The Cars, Patti Smith e mil outros. O rótulo "new-wave" de novo só tem o nome, usado desde sempre para designar o cinema dos anos 1950 (em francês, "nouvelle vague"), e o jazz dos anos 1960.

Disco: Abreviatura de "discothèque", nome dado nos anos 1960 às casas noturnas onde se dança ao som de música gravada e não ao vivo. No fundo, a intenção era recriar o êxtase da dança, em comunidade ou mesmo a sós, como consequência do sucesso do twist (inclusive um dos hits de Chubby Checker foi justamente "At The Discothèque", em 1965). E a crise econômica da segunda metade dos anos 1970 não motivou somente o punk; a disco era

Breve história do Rock

Talking Heads

Enquanto o punk-rock fazia questão de se manter simples a ponto de soar básico e até niilista, a new-wave era o departamento de "punks que aprendiam a tocar mais de quatro acordes" e sofisticavam sua sonoridade, mas sem perder a pulsação dançante, com ou sem mensagens em suas letras. Este é o caso do grupo norte-americano Talking Heads, que conseguiu fazer um pop-rock ao mesmo tempo "cabeça" e dançável, mas adquirindo cada vez mais influências do funk e de pop de outros países, incluindo Cuba e Brasil.

também boa alternativa para pessoas que não tivessem grana para ver, ou contratar, música ao vivo. Na Europa, a "disco" floresceu por outro motivo: além de, para os maiores esnobes, ela ter um ar de clube privê, gravações de grandes artistas caíam muito bem no lugar dos próprios, geralmente sumidos em shows pelo resto do mundo. A disco-music dos anos 1970, com raízes no soul da cidade da Filadélfia, da Motown e da Atlantic e no soul-funk de James Brown, caracterizou-se por uma marcação rítmica imutável, hipnótica ou entediante segundo o talento de quem fazia (não só o gosto de quem ouvia ou dançava), sendo até chamadas de "música ambiente para dançar". Não faltam grandes nomes da disco: Donna Summer, Chic, Giorgio Moroder, Trammps, K.C. & The Sunshine Band, além da sutil infiltração gay de artistas como Village People e roqueiros que se deram bem ao aderirem à onda: Bee Gees, Paul McCartney, os Stones, os Kinks, Dan Hartman, Kraftwerk...

Reggae: Ritmo que se desenvolveu na Jamaica nos anos 1960 a partir do r&b e começou a ser ouvido no resto do mundo por volta de 1968. O reggae e seus parentes – dancehall, toast, ska etc. – tomaram conta do mundo, interpretado por ilustres jamaicanos como Bob Marley (1954/1981), Peter Tosh (1944/1987) e o menos radical dos três, Jimmy Cliff (nascido em 1948), além de Grace Jones, o grupo UB40 e branquelos empolgados com o gênero como Eric Clapton e os grupos The Clash, Bad Manners e, acima de todos, o Police.

Bob Marley

O reggae, adaptação jamaicana do rhythm & blues, a princípio em andamento acelerado, caracterizando o ritmo chamado "ska", tornando-se mais lento a partir de 1967-68, adotou o nome "reggae", para alguns corruptela do latim "regie", "para o rei", visto que muitos jamaicanos se consideram descendentes dos hebreus chefiados por Moisés. O cantor e compositor Bob Marley foi um dos primeiros artistas jamaicanos a popularizar o autêntico reggae em nível mundial.

Breve história do Rock

Hard-rock: Variação do heavy, só que de ritmo e temática menos pesados, chegando a ser dançante, algo como um Rolling Stones super amplificado. Hard-rockers ilustres incluem o AC/DC, Deep Purple, Free (que se transmutou no Bad Company), Judas Priest (inglês), Aerosmith, Blue Oyster Cult, Van Halen (americano), Scorpions (alemão), Thin Lizzy (irlandês) e Bachman-Turner Overdrive (canadense).

Aerosmith

O grupo norte-americano Aerosmith é um dos mais notórios representantes do hard-rock, variante do heavy-metal menos "pesado" (apenas "duro", como sugere o rótulo) e até dançante. Além do Aerosmith, muitos artistas de hard-rock, incluindo Kiss e Guns N'Roses, não costumam se importar muito ao serem rotulados de heavy-metal, ou mesmo de punks.

Androginia e rock teatral: Valorizaram ao máximo o rock como espetáculo de palco, com truques herdados do vaudeville, tais como o "vamp" (aquela "enrolação" instrumental enquanto o vocalista adentra ou abandona o palco) e teatro mambembe, com direito a homens interpretando mulheres e vice-versa. Os maiorais foram o Kiss e Alice Cooper, incluindo enforcamentos, músicos comedores de fogo, desfile de galinhas, cobras e pintainhos, sem falar em David Bowie, o grande "camaleão do rock", ator no papel de cantor ou vice-versa, que fez disco, r&b, tecnopop etc.

David Bowie

Não só o verdadeiro sexo forte, a mulher, vem conquistando espaço no rock: o chamado terceiro sexo também mostra a que veio, combinando as sensibilidades masculina e feminina, ainda que apenas como postura artística, não necessariamente refletindo a verdadeira inclinação do artista. É o caso do cantor e compositor inglês David Bowie, que estourou nos anos 1970 como "andrógino", postura que abandonou antes do fim da década.

Breve história do Rock

Glitter-rock: Uma espécie de bubblegum inglês surgido no finzinho dos anos 1960, com um ritmo 4/4 bem marcado, quase tribal, e um visual ainda mais marcante, com muita purpurina ("glitter"), maquilagem, saltos plataforma e lamê. No glitter-rock revelaram-se futuros mestres do hard-rock como Slade e o Sweet, além da norte-americana radicada na Inglaterra Suzi Quatro e, claro, Gary Glitter, "the leader of the gang". O glitter-rock teve, ainda, um subgênero, o "glam-rock" ("glam" de "glamour"), um pouquinho mais sofisticado e sutil e, portanto, ótimo para consumo adulto. Seus baluartes foram Marc Bolan e seu T. Rex, Bryan Ferry e seu Roxy Music, Elton John, Queen, Rod Stewart e os Faces.

Pub-rock: "Pubs" (os barzinhos dos britânicos) sempre foram ideais para músicos que procuram plateia seleta e que querem fugir de pompa e estrelismos. Seus pioneiros incluem músicos como Nick Lowe, Ian Dury e Brinsley Schwarz, e grupos como Dr. Feelgood, além de ianques de passagem pela Inglaterra como Ace e Eggs Over Easy. O descompromissado e espontâneo pub-rock influenciou muito o punk; que o digam ex-pub-rockers, como Joe Strummer, futuro Clash e Elvis Costello.

Arena-rock: O extremo oposto do pub-rock. Para alguns, sua origem está no festival de Monterey, onde Jimi Hendrix, The Who e Janis Joplin, para enfrentar uma grande plateia, tiveram que abandonar a sutileza; o negócio é cativar a massa sem muitos intimismos. Daí o arena-rock ser um "hard-rock-brega", com muitas guitarras altas e aqueles refrões altamente cantáveis e ótimos para ajudar a vender câncer do pulmão, às vezes até se confundindo com os menos bombásticos MOR ou AOR; e dá-lhe Peter Frampton, Asia, Europe, Journey, Kingdom Come, Def Leppard...

Tecnopop, tecnorock ou synth-pop: Aqui tudo é substituído por máquinas, como sintetizadores, computadores, fitas ou disquetes pré-gravados, vocoders e baterias eletrônicas, exceto (mas quase sempre) os próprios músicos. Um precursor hoje obscuro foi a dupla norte-americana Silver Apples, um baterista e um executante de sintetizador pré-histórico, isto em 1968. Na década seguinte, o gênero se cristalizou com grupos como os alemães Kraftwerk e Tangerine Dream, o italiano Giorgio Moroder, os ingleses Depeche Mode, Human League e Ultravox e o tecladista Gary Numan, além dos LPs *Low* e *Heroes,* de David Bowie. O tecnopop continua se desenvolvendo, e entre os nomes surgidos pode-se destacar Thomas Dolby, Howard Jones, seus primos do rap (de quem falaremos nos anos 1980) e o New Order.

Kraftwerk

Muitos artistas usam instrumentos eletrônicos de modo que eles soem naturais; já o tecnopop extrai musicalidade dos sons mais artificiais e mecânicos. O grupo alemão Kraftwerk conseguiu ritmos até bastante dançantes, antecipando a chamada dance-music dos anos 1990 e 2000.

Breve história do Rock

Foi em meados dos anos 1970 que os fãs de rock norte-americanos perceberam ser em número suficiente para se reunirem em convenções, cada vez maiores em quantidade e tamanho, inclusive em grupos específicos como fãs de Elvis, beatlemaníacos e adeptos do rock de garagem dos anos 1960.

Grandes invenções dos anos 1970: faixa magnética para cartões (1970), vídeo-cassete (1971), fibra óptica (1970), videogames (1972), códigos de barra (1974), gravação digital (1979), microprocessador (1971), walkman (1979), pele artificial (1979).

Anos 1980

"O amor vai nos separar novamente"

Para muitos, os anos 1980 só fizeram reciclar os anos 1950 e 60, com alguns toques futuristas dos anos 1970. Pois bem, o melhor do rock de qualquer época sempre inovou quando, embora possa soar paradoxal, voltou às raízes, como foi com o blues, o jazz ou o music-hall britânico. E embora, como já afirmamos, qualidade não implique necessariamente em originalidade, não há nada como um pouco de distância histórica: hoje pode-se ouvir que o rock dos anos 1980 tem um estilo próprio. (Afinal, há muitos para quem o rock acabou após Buddy Holly, ou após Sgt. Pepper, ou após os Sex Pistols, ou após os Smiths, ou após o Nirvana, ou...) E o piscodelismo, por exemplo, foi definido em pleno 1967 pelo jornal inglês *Melody Maker* como "rock de 1956 meio fora do tom". No rock dos anos 1980, muitos gêneros surgidos anteriormente continuaram evoluindo, ao lado de certas novidades.

Rock industrial: Não para dançar ou relaxar, tem influências da música erudita do século XX, cheia de "tone clusters" (aqueles acordes pianísticos de notas muito próximas tocados com o

Breve história do Rock

antebraço ou uma régua), sons eletrônicos aleatórios e efeitos sonoros. Só podia ser criação de cerebrais alemães, em companhia de vizinhos europeus, e seus maiores nomes incluem os grupos Einstuerzende Neubauten, Harte 10 e o iugoslavo Laibach (este ainda ameniza tantos sons aflitivos com toques de humor).

New Wave Of British Heavy Metal (NWOBHM): Rótulo criado pelo jornal inglês *Sounds,* em 1979, para designar os novos grupos heavy que chegavam em boa hora para substituir os antigos, quase todos se dissolvendo ou em fases não muito criativas. Alguns destes renovadores do heavy são Saxon, Motorhead, as garotas do Girlschool e o Def Leppard quando não comete aquelas baladonas.

Death-Metal e Thrash-Metal: O rock nunca para de evoluir, desdobrando-se em subgêneros; temos aqui dois derivados do heavy-metal totalmente opostos à NWOBHM. O thrash ("ataque violento", não confundir com "trash", lixo), inaugurado em 1983, destaca grupos americanos como Megadeth, Metallica, Venon, Possessed, Mercyful Fate e Anthrax; segundo resumiu um crítico, "ver um show do Venon é como assistir a um desastre de automóvel, ou melhor, participar de um". Já o death-metal tem influências do punk-hardcore, sendo o mais acelerado, alto e primal possível, e os vocalistas de seus grupos mais ilustres, como Deicide, Napalm Death (este é inglês) e Slayer, muitas vezes chegam a simplesmente grunhir, preferindo o som às letras, num vocalise primitivo ainda mais demente que o já demente doo-wop, realmente "de morte".

Dark/gótico: Salvo engano, o rótulo "dark" é mais usado no Brasil que na Inglaterra, país de onde saiu essa turma de niilistas que só param de reclamar quando chega a tão esperada morte:

Joy Division (cujo líder chegou ao suicídio), Nick Cave (bastante superestimado), Bauhaus, The Cure e Siouxsie & The Banshees.

Psychobilly: Modernização do rockabilly com letras, vocais e guitarras descritas como psicóticas (daí o nome), por cortesia de grupos como The Meteors, The Cramps e Toy Dolls.

Pós-punk: Única concessão que aqui fazemos a um dos costumes menos inteligentes já apresentados pela cultura europeia, de definir tudo que surge desde os anos 1970 (no rock) como "pós-moderno". Muito bem, pós-punk serve para designar ingleses que adaptam o punk dos anos 1970 com tecnologia e estilo de composição, que se pode dizer serem bem anos 1980. Estes grupos incluem Echo & The Bunnymen, Pretenders e Teardrop Explodes.

Punk-hardcore: Discharge, Exploited e nossos Ratos de Porão são apenas três dos mais mundialmente queridos desta variante do punk muito mais barulhenta e de letras muito mais revolucionárias, fazendo os Pistols parecerem o Yes.

Rock americano dos anos 1980: Se não é um rótulo dos mais brilhantes, pelo menos é mais preciso que "pós-moderno", e serve para definir vários grupos que, usando uma expressão da revista norte-americana *Rolling Stone*, "tem feeling retrô, mas olham pra frente", reciclando a sonoridade dos anos 1960, mas com resultados que soam bem 80: R.E.M., B-52's, Tom Petty (nascido em 1953) & The Heartbreakers, Pixies, Prince (nascido em 1960), Husker Du, além de grupos femininos como Go-Go's e Bangles. Não se preocupe se muitas destas bandas começaram em 1977/8; como diz o roqueiro brasileiro Tony Campello, musicalmente as décadas começam três anos antes, e, afinal, John

Breve história do Rock

Lennon e seus amigos já tocavam juntos em 1957.

Rock inglês dos anos 1980: Idem, idem, idem: Smiths, Lloyd Cole & The Commotions, Duran Duran (com vídeos e roupas bem produzidos, reis do "New Romantic"), Simple Minds, Simply Red, Adam Ant, The Mission, Tears For Fears, Culture Club e vizinhos britânicos como os escoceses Dire Straits e Big Country, o Irlandês U2 e o australiano INXS.

New-bossa: Revival inglês da bossa-nova da primeira metade dos anos 1980: Style Council, Everything But The Girl, Swing Out Sister, Matt Bianco, a cantora Sade – embora nenhum destes artistas tivesse repertório somente de banquinho-e-violão.

Posers: Todo garoto roqueiro que vê grupos como Poison, Cinderella ou Motley Crue pensa a mesma coisa: "por que minha garota não é tão linda quanto esses caras?" A aparência é tudo para os "posers", nome americano para quem só faz pose.

Gay-rock: Embora não seja muito politicamente correto separar música por sexo, cor etc., a cultura gay sempre foi influente em todo o rock, desde empresários como Brian Epteine, bissexuais como Little Richard e Elton John, às sutis alusões do Village People ("Key West", "Y.M.C.A."). Agora era a vez de grupos musicais se assumirem, como Frankie Goes To Hollywood, Pet Shop Boys, Communards, Bronski Beat; os Smiths não contam, já que seu rock era menos modernoso e feito para durar, independente de serem gays ou marcianos.

Rap: Quem gravou o primeiro rap? É como querer saber quem gravou o primeiro rock ou cantou o primeiro blues; há gravações que incluem trechos de fala ritmada desde os anos 1920, e em toda parte: no samba, no reggae, no foxtrote, no jazz, no funk. Mas o rap como hoje se conhece e se pratica nasceu no finzinho dos anos 1970, mais precisamente em 1979, quando Sylvia Robinson (cantora/compositora/produtora ativa desde os anos 1950 e que merecia um livro só para ela) produziu "Rapper's Delight", do Sugar Hill Gang. O rapper Lovebug Starski improvisou "Top the hip, hop" (algo como "pras ancas, vamolá") e o "hip-hop" – na verdade, a dança dos rappers – virou sinônimo de rap. Rap está no dicionário como "algo dito de forma curta e grossa", e acabou virando fenômeno social, incluindo dança ("breaking") e técnicas de DJ (como "scratching" e "sampling") bem pessoais. Rappers como Run-DMC merecem elogios de roqueiros como Lou Reed e Aerosmith (que até gravou com

Run-DMC

O trio norte-americano Run-DMC popularizou de vez o rap para o público branco e permanece como um dos grandes representantes do gênero, sem cair no negativismo ou excesso de sexismo e violência que acometeu outros rappers, inclusive literalmente, como Tupac Shakur e Notorious B. I. G.

eles), e Madonna, em sua época mais criativa, cooptou os Beastie Boys para abrirem seus shows. Sem falar na "fusion" rap-metal do grupo thrash Anthrax, em 1985.

Acid-House: Variação da "disco" surgida no início dos anos 1980 numa casa noturna de Chicago, a Warehouse (daí o nome "house"), cujos DJs usavam ao máximo "sampling" (utilização de trechos de outros discos), só que o ritmo base, em vez do funk usado pelos rappers, é a marcação mais reta da "disco",

Breve história do Rock

embora desta vez menos reta. O outro nome, "acid", surgiu de "acid burning" (queima por ácido), gíria desses DJs de Chicago para o "sampling". Na exportação do "acid" para a Inglaterra, alguém confundiu este "acid" com lisérgico, e o movimento acabou ganhando nome e sobrenome, "acid-house". Ah, sim: os adeptos negam que tomam ácido, dizendo que mal passam do suco de laranja. Um dos primeiros clássicos do gênero é "Pump Up The Volume" do M.A.R.R.S, de 1988.

New-Age: espécie de música ambiente resultante de combinação de rock suave, música acústica (geralmente folclórica-erudita), jazz de branco, um pouco de música eletrônica e doses generosas de música minimalista. A new-age tem antecedentes em progressivos dos anos 1970, como Robert Fripp, Brian Eno e o LP *Tubular Bells,* de Mike Oldfield. Curioso é que quase todos os artistas new-age, como Will Ackerman ou Philip Glas, não usam o rótulo "new-age" – como se diz, talvez estejam procurando jazz acústico de câmera e não saibam.

Já que este século chegou a ser chamado de "era da reciclagem", que pelo menos esta seja bem feita. E nos anos 1980 a moda estava tão eclética que, como reparou um crítico inglês, era possível adotar o visual e o som de qualquer culto de juventude desde os anos 1940 e continuar na moda. Afinal, é melhor ser eterno que ser apenas moderno.

Grandes invenções dos anos 1980: compact-disc (1980), telefone celular portátil (1983), microcomputador pessoal (1983), engenharia genética (1985), a emissora MTV (1981) e o Dia Internacional do Rock: 13 de julho (1985).

Anos 1990

"Você é meu muro das maravilhas"

"Todas as boas músicas e todos os bons discos já foram feitos, agora é só reciclagem." Bem, isso é questão de opinião e gosto; parafraseando o humorista, não existe rock novo, existe gente nova. O rock sempre se revigora nas mãos certas. Novos amplificadores ou efeitos, novas técnicas de gravação, novas influências externas ou simplesmente o pique da nova geração, tudo isso dá ao rock dos anos 1990 um jeitão característico, apesar de evidentes raízes anteriores – e, afinal, sempre as houve; o Guns N'Roses já foi tido como xerox do Aerosmith, que foi recebido como cópia dos Stones, dos quais se disse xerox desbocado de Muddy Waters, que... Enfim, alguns gêneros que surgiram ou se desenvolveram nos ano 1990 são:

Grunge: Esta palavra já é tão antisocial que só consegui encontrar uma definição num dicionário de gíria: "coisa muito feia ou desarrumada". Neil Young (nascido em 1945) é respeitado e querido como "the grunge king", além de grande patriarca deste gênero onde predominam guitarras barulhentas. Nos anos 1990, a grande meca do grunge tem sido a cidade norte-americana de Seattle, chuvosa e barulhenta, cheia de fábricas de aviões e que, desde os anos 1960, exporta artistas com guitarras altas

Breve história do Rock

como os Ventures e Jimi Hendrix. Você já conhece os reis do grunge dos anos 1990: Nirvana (o primeiro cooptado por uma grande gravadora), Pearl Jam, Alice In Chains, o "estrangeiro" (não de Seattle) de Minneapolis Soul Asylum...

Noise: Qualquer ruído pode ser musical, e grupos como o Grand Funk já eram chamados nos anos 1970 de "white noise". O grande patriarca do noise é o grupo inglês Sonic Youth, formado em 1981, mas cujo estilo se cristalizou como "noise" em 1986 e, embora agradasse o público underground, só chamou a atenção do mainstream em 1992. "Engraçado", diz o próprio Sonic Youth, "anos atrás diziam que éramos a banda dos anos 1980, e agora dizem que somos a nova onda dos anos 1990..." Enfim, grupos marcantes como as gurias do Babes In Toyland, que, por sua, vez inspiraram o...

Riot grrl: Se o machismo é condenável, o feminismo, sendo também um extremo, é igualmente condenável, embora as damas tenham razão de reagir contra a opressão do verdadeiro sexo frágil. Esta reação motivou o riot grrl ("garotas de rebelião", com grafia propositalmente errada, "grrl"), em 1991, quando roqueiras de Washington resolveram parar de fazer o jogo dos machos e laborar música de mulheres para mulheres, reunindo-se em grupos: Bikini Kill, Bratmobile, Red Hot Vulvas... Ah, sim: o riot grrl é barulhento sem muita sutileza. Bem, o que define música de boa qualidade não é sexo, e sim, talento, e bons exemplos femininos não faltam, desde o blues de Bessie Smith e o gospel de Mahalia Jackson, passando pelo rock de Carole King, Sylvia Robinson, Aretha Franklin, Chrissie Hynde, Laurie Anderson, Janis Joplin, além do rock nunca ter sido tão integrado sexualmente quanto nos anos 1980/90, proliferando grupos femininos ou mistos.

"Unplugged": O programa *Unplugged* ("despulgado") foi uma boa jogada da MTV (no Brasil, *Acústico*), e artistas diversos como Neil Young, Paul McCartney têm mostrado que rock ou talento não dependem de decibéis ou eletricidade – até os rappers do Arrested Development se deram bem no programa.

Neo-psicodelismo: A história se repetindo como farsa, no bom sentido: estes roqueiros retomam os ideais de paz e amor, mas sem a ingenuidade dos anos 1960, embora a sonoridade seja inspirada nessa época, com direito ao sitar hindu, fitas ao contrário e canções com jeito de mantras. Neste rótulo, podemos encaixar os norte-americanos Prince, seus discípulos Terence Tren d'Arby e Lenny Kravitz, além dos grupos branquelos Black Crowes, Smashing Pumpkins e o inglês Primal Scream.

New Wave Of British New Wave: Este rótulo bem humorado, criado pelo jornal inglês *New Musical Express,* em 1993, refere-se, claro, aos novos roqueiros ingleses que retomaram a new-wave dos anos 1970, como The Auters, Elastica, Supergrass, Suede e Teenage Fan Club.

Funk-metal: Inspirado no balanço "funk" que Jimi Hendrix dava a muitas de suas interpretações, o funk-metal tomou forma nos anos 1990, principalmente graças aos grupos norte-americanos Living Colour e Red Hot Chili Peppers; não por coincidência, ambos regravaram Hendrix – por sinal, a mesma música: "Cross Town Traffic".

Trance: Variante da house surgida na Alemanha, caracterizada por linhas melódicas e repetitivas com intenção de fazer o ouvinte passar por alterações sensoriais e entrar em "transe" ("trance", em inglês).

Breve história do Rock

Ambient-house: Tem suas raízes em dois gêneros bem distintos que possuem um ponto em comum: o aproveitamento de sons não-musicais. Um deles é a "música de programa", gênero erudito surgido no século XIX e dedicado a expressar apenas sentimentos explicitamente, sem tentar sugeri-los; exemplos são os canhões da "Abertura 1812", de Tchaikovski; as flautas imitando passarinhos em "No Jardim De Um Mosteiro", de Ketelbey; ou pelo menos títulos evocativos da literatura ("Sinfonia de Fausto", de Liszt), da geografia ("Finlândia", de Sibelius) ou mesmo fantástica, como uma pintura musical ("Reflexões Na Água", de Debussy). O outro gênero é o chamado "muzak", cujo nome vem da firma homônima norte-americana que há décadas fornece música gravada para ambientes (música em geral, conforme o ambiente, não somente aquela música chocha que acabou rotulada de "muzak" ou "música de elevador"). A Muzak Ltd. foi a grande motivação para que o roqueiro experimental inglês Brian Eno (nascido em 1948) criasse, em 1975, a "ambient music", destinada a participar ativamente do ambiente e não ser mero "papel de parede musical", com discos como *Music For Airports* e *Ambient On Land*. E, finalmente, em 1990, os grupos ingleses The Orb e KLF tornaram-se os grandes nomes da "ambient-house", definida por alguns como "house sem bateria", perfeita para ouvir não dançando, mas sim relaxadão, geralmente sob efeito de algum elemento químico. A ambient-house combina harmonias da house, efeitos de guitarra do noise e sonoridades do Pink Floyd dos anos 1970.

Drum'n'bass: Variante inglesa da disco-music, onde predominam o contrabaixo com timbre o mais grave possível e a percussão (daí o nome, literalmente, "baixo e bateria").

Indie/Alternativo: Cada vez mais gravadoras independentes tomam lugar antes monopolizado pelas grandes, especialmente na Inglaterra, onde 30% do hit-parade mais recente chegou a ser de "indies" (diminutivo de "independentes"), sem muito compromisso com modismos e concessões.

World-music: Nada mais que pop-rock com influência da música de países do terceiro mundo, como África e Brasil.

Grandes invenções dos anos 1990: a popularização da Internet (1994), mp3 (1994), DVD (1995), telescópio Hubble (1990), telefone-câmera (1997).

Anos 2000

"Me chame quando você estiver sóbrio"

Na primeira década do século XXI, o rock continua vivo, mesmo que continue se reciclando; às vezes, como resumiu um jornalista inglês, é possível misturar qualquer elemento sonoro ou visual desde os anos 1940 e estar na moda. Periodicamente, a humanidade passa por um período de pastiche, quando todo mundo recicla e copia todo mundo – e percebe-se que até para plagiar é preciso talento.

Aqui estão alguns novos gêneros que se definiram até agora neste terceiro milênio.

Pop-punk: Combina o descompromisso do punk-rock (podendo chegar a nem incluir contrabaixo) com a melodiosidade do pop. Alguns exemplos são os grupos norte-americanos White Stripes (na verdade, uma dupla) e Yeah Yeah Yeahs.

Reggaeton: O nome vem de "reggae" e "marathon", e o estilo é uma fusão de reggae, rap e ritmos centro-americanos.

Emo: Na verdade, tem suas raízes mais remotas em meados dos anos 1980. O termo é diminutivo de "emocore", por sua vez abreviatura de "emotional hardcore", variação mais melodiosa do punk-rock, com melodias pegajosas. Os primeiros grupos emos surgiram em Washington, com grupos como Rites of Spring; nos anos 1990, houve uma segunda onda emo, cujo representante mais famoso é o Fugazi; uma terceira onda emo começou em 2000, destacando grupos como Death Cab For Cutie, Sunny Day Real Estate e Panic! At The Disco.

New-Rave: Rótulo inventado de brincadeira, em 2005, pelo grupo inglês The Klaxons e popularizada pelo jornal inglês *New Musical Express*, designa uma fusão de punk-rock com dance-music eletrônica e toques de acid-rock. O chamado new-rave é música expressamente dançante, para ser ouvida em salões cheios e, segundo alguns, com ajuda de aditivos químicos. Até a banda brasileira Cansei de Ser Sexy, que emplacou nas paradas inglesas em 2006, foi rotulada de new-rave.

Mas não importa se somos escravos de ditaduras ou de tecnologia, ou mesmo se estejamos alegres e livres. Também não importa se este ou aquele estilo é novo ou antigo, contanto que dele gostemos. Os roqueiros em geral continuam gritando e se expressando, do mesmo jeito que seus colegas de plantação de algodão de quase trezentos anos para cá.

É bom terminar usando uma frase bonita, não?

Bibliografia

Livros:

Rock Encyclopedia, de Lilian Roxon (EUA, 1969)
The Rolling Stone Illustrated History Of Rock'n roll, por Jim Miller e outros (EUA, segunda edição, 1980)
Rock Family Trees, de Pete Frame (Inglaterra, 1982)
The Illustrated Encyclopedia Of Rock, de Nick Logan e Bob Woofinden (Inglaterra, 1982)
Stairway To Heaven: The Spiritual Roots Of Rock'n roll, de David Seaay e Mary Neely (EUA, 1986)
Rock, O Grito e o Mito, de Roberto Muggiati (Brasil, segunda edição, 1981)
New Rock Record, de Terry Hounsome (Inglaterra, 1985)
The Book of Rock Lists, de Dave Marsh e Kevin Stein (EUA, 1981)
Mystery Train, de Grain Marcus (EUA, edições de 1975 e 1990)
The Billboard Book of Number One Hits, de Fred Bronson (EUA,1992)
The Penguin Encyclopedia of Popular Music, de Donald Clarke e outros (Inglaterra, 1990)
The British Invasion, de Nicholas Schaffer (EUA, 1982)
Popular Music, de John Rublowsky (EUA, 1972)
The Sound of the City, de Charlie Gillett (EUA, 1970)
The Art of Rock'n roll, de Charles T. Brown (EUA, 1983)
Rock Albums of the 70s – A Critical Guide, de Robert Christgau (EUA, 1981)
História do Rock – Os Primeiros 200 Anos, de Ayrton Mugnaini Jr. (Brasil, 1993)
The Guinness Jazz A-Z, de Peter Clayton e Peter Gammond (Inglaterra, 1986)
The Blackbord Jungle, de Evan Hunter (EUA, 1954)
The Harvard Brief Dictionary of Music, de Willi Apel e Ralph T. Daniel (EUA, 1961)

The Story of Jazz, de Marshall Stearns (EUA, 1958)
The Official Price Guide to Music Collectibles, de Willi Apel e Ralph T. Daniel (EUA, 1986)
The Pocket Dictionary of American Slang (EUA, 1986)
British Music Hall, de Raymond Mander e Joe Mitcheson (Inglaterra, 1974)
Pequena História da Música Popular, da Modinha à Lambada, de José Ramos Tinhorão (Brasil, 1991).

Periódicos:

Melody Maker, *Vox* e *New Musical Express* (Inglaterra), *Circus, Hit Parade, Guitar Player, Bass Player* e *Rolling Stone* (EUA) e *Rock, A História E A Glória, Bizz, Somtrês, Intervalo, Dynamite, Clube de Ritmos, Revista do Rádio* (mais tarde *Revista do Rádio e TV*) e *Rock – A Música do Século XX* (Brasil).

Páginas na Internet

www.wikipedia.com.br
www.senhorf.com.br

Sobre O Autor

Ayrton Mugnaini Jr., paulistano de 1957, é jornalista, compositor, escritor e pesquisador de música popular em geral. Tem composições gravadas ou sampleadas por Falcão, Nasi & Os Irmãos do Blues, Thelma Chan, Pato Fu e outros. Foi integrante da primeira fase do grupo Língua de Trapo e da última formação do Magazine de Kid Vinil. Tem publicados livros sobre Adoniran Barbosa, Chiquinha Gonzaga, Roberto Carlos, Raul Seixas, John Lennon e outros. Foi consultor da segunda edição da *Enciclopédia da Música Brasileira Erudita, Folclórica e Popular*, da ART Editora/Publifolha. É pesquisador e redator da primeira enciclopédia dedicada à música sertaneja, lançada em 2001. Colaborou com publicações como *Somtrês*, *O Pasquim*, *Jornal da Tarde*, *Folha da Tarde* e, atualmente, *Bizz*, *Dynamite*, *20/20* e *Cães & Cia*. É curador do Arquivo do Rock Brasileiro, fundado pela Associação Cultural Dynamite, com patrocínio da Petrobras pela Lei Rouanet.

Impresso por :

gráfica e editora

Tel.:11 2769-9056